Arnold Grunewald · Sprachtherapie

BERGEDORFER FöRDERPROGRAMME 2

Die „Bergedorfer Förderprogramme“ sind eine Schriftenreihe aus dem Bereich der Pädagogik und Sonderpädagogik.

Da Leistungsausfälle in den verschiedensten Bereichen oft ihre Ursachen in dem Ausfall einzelner Grundfähigkeiten haben, ergibt sich die Notwendigkeit, gezielte Förderprogramme mit praxisorientierten Hinweisen und Anleitungen zu entwickeln.

In den Einzelschriften der „Bergedorfer Förderprogramme“ werden daher theoretische Erkenntnisse und praktische Erfahrungen in ganz speziellen Bereichen so aufbereitet, dass sie ohne große Schwierigkeiten in die Praxis umgesetzt werden können.

Die „Bergedorfer Förderprogramme“ sollen für alle, die mit der Gestaltung von Fördermaßnahmen befasst sind, eine Hilfe sein.

Heiner Müller

Arnold Grunwald

Sprachtherapie

Praktische Anleitungen zur Diagnose und Therapie sprachgestörter und entwicklungsbehinderter Kinder

Persen Verlag
Horneburg/Niederelbe

4. Auflage 2000

Diese Ausgabe entspricht den Regeln der Rechtschreibreform vom 1. Juli 1996.

ISBN 3-921809-02-9

Inhaltsverzeichnis

Vorwort

Die vorliegende Schrift richtet sich zuerst an die Eltern und weiteren Erzieher sprachauffälliger Kinder. Als Erzieher sind alle in Kindergärten, Vorschulen, Schuleingangsstufen, sonderpädagogischen oder heilpädagogischen Einrichtungen tätigen Personen angesprochen. Darüber hinaus kann diese Arbeit als eine Einführung in die Problematik der Sprachstörungen für Erstsemester sprachheilpädagogischer Berufe, für die Logopädenausbildung, für sonderpädagogische, heilpädagogische und sozialpädagogische Berufsausbildungen oder Kurse der Erwachsenenbildung in Volkshochschulen dienen. Auch der praktizierende Sprachtherapeut (bzw. Sprachheilpädagoge, die Therapeutin oder Logopädin) findet hier sicher einige neue Hinweise und Übungshilfen, die ihm eine Erleichterung bei der täglichen Arbeit oder bei der Elternberatung sein können.

Es ist nicht möglich, das gesamte Gebiet der Sprachstörungen und deren Behandlung in einer relativ kleinen Arbeit vollständig abhandeln zu wollen. Innerhalb der Sprachheilwissenschaft gibt es viele Einzeldisziplinen, für die verschiedene Fachleute zuständig sind. Im Mittelpunkt der Arbeit des Sprachheilpädagogen stehen die entwicklungsbedingten und normabweichenden Sprachfehler bei Kindern und Jugendlichen. Ich beschränke mich bewusst auf die häufigsten Sprachstörungen bei jüngeren Kindern. Besondere Störungsformen, wie etwa Gehörlosigkeit oder Stimmstörungen, werden nur dem Begriffe nach erklärt. Die Tätigkeit des Sprachtherapeuten/Logopäden kann durch diese Schrift ohnehin nicht ersetzt werden. Jedes sprachauffällige Kind gehört in eine fachtherapeutische Behandlung.

Der Gegenstand meiner Bemühungen ist das sprachgestörte und das entwicklungsbehinderte Kind. Diese Begriffe werden im Text noch zu klären sein. An dieser Stelle sei vereinfachend so viel gesagt: Die Spannweite dieser Arbeit reicht von dem wenig auffälligen Kind, das nur einen Laut ungenau artikuliert, bis zu dem mehrfachbehinderten Kind, das noch völlig sprachunfähig ist. Alle Kinder, die im Bereich der Sprache auffällig sind, bedürfen gleichermaßen der Hilfe. Erzieher und Therapeuten dürfen keine negativen Abgrenzungen für irgendwelche Kinder vornehmen. So schien es mir gerechtfertigt, innerhalb einer Arbeit die häufigsten kindlichen Sprachstörungen zusammen mit Sprachstörungen bei weiter gehenden Entwicklungsbehinderungen zu besprechen.

Die Schrift ist in zwei Hauptteile gegliedert. Der erste Teil gilt theoretischen Überlegungen, der zweite Teil den praktischen Übungshinweisen. Die theoretischen Überlegungen mögen manchem ungeübten Leser zum Teil zu weitgehend sein. Es schien mir aber wichtig, möglichst umfassende Antworten auf die Fragen zu geben, die in der Sprachheilpraxis häufig gestellt werden. Zudem findet hier die eingangs angesprochene Zielgruppe erzieherischer und therapeutischer Berufe eine erste Einführung in die Problematik der Sprachheilarbeit.

Der zweite Teil der Arbeit bietet praktische Übungshilfen an. Die Übungsbeispiele sollen zur Erweiterung und gegebenenfalls zur Verbesserung anregen.

In der Sprachheilpraxis stehen dem Therapeuten viele weitere Methoden und Arbeitshilfen zur Verfügung. Ich erhoffe mir jedoch nicht zuletzt, dass meine Arbeit eine bessere Zusammenarbeit zwischen Therapeuten und Erziehern ermöglicht. Im günstigen Fall können Eltern und Erzieher die Rolle des ***Kotherapeuten***, d. h. des unter Anleitung und Beratung tätigen Hilfstherapeuten, übernehmen.

Allen, die mich zu dieser Arbeit ermuntert und zu ihrer Fertigstellung beigetragen haben, darf ich an dieser Stelle meinen Dank aussprechen. Zuerst gilt mein Dank vielen Eltern sprachgestörter Kinder, die mir in zahlreichen Gesprächen zu einer vertieften Einsicht in die Problemlage des sprachauffälligen und des mehrfachbehinderten Kindes verholfen haben. Für die Korrektur und zahlreichen Anregungen zur Verbesserung gilt mein Dank dem Kollegen Heiner Müller, der mir als Sprachtherapeut und Initiator dieser Schriftenreihe mit Sachverstand und ausdauernder Beratung zur Seite gestanden hat.

Ich hoffe, dass ich mit dieser Arbeit allen an der Behandlung und Erziehung wie an der gesellschaftlichen Integration sprachgestörter und entwicklungsbehinderter Kinder interessierten Personen, in erster Linie aber den Kindern selbst, im Rahmen meiner Möglichkeiten dienen kann.

Deutsch-Evern, im September 1978 Arnold Grunwald

Vorwort zur vierten Auflage

In den letzten Jahren, angestoßen durch Veröffentlichungen von Scholz, Hacker, Romonath u. a., wurde im Bereich der Sprachtherapie eine Unterscheidung in phonetische und phonologische Aussprachestörungen vorgenommen. Dies unter Zugrundelegung einer linguistischen und konstruktivistischen Sichtweise, die die kindliche Sprachentwicklung als einen kognitiven Prozess versteht, in dem das Kind in der handelnden Auseinandersetzung mit seiner Umwelt seine individuelle sprachliche Wirklichkeit entfaltet und gestaltet („konstruiert").

Wenngleich Grunwald im Rahmen seiner Sprachtherapie vor allem den phonetischen Aspekt hervorhebt, ist das Werk nach wie vor grundlegend und ein hilfreicher Wegweiser für alle Pädagogen, die sich um die Sprachförderung von Kindern bemühen.

Das Literaturverzeichnis wurde jedoch – neuen Impulsen Rechnung tragend – um entsprechende Literaturhinweise ergänzt.

Horneburg, im Oktober 2000 Marion Wendt

TEIL I

Theoretische Überlegungen

1. Wann bezeichnet man ein Kind als sprachgestört?

1.1. Was ist Sprache?

Das Wesentliche der menschlichen Sprache besteht darin, dass wir Dinge und Handlungen mit Wörtern und Sätzen benennen. Das Wort selbst ist ja nicht das Ding. Es ist nur ein Bedeutungsträger oder Symbol. So spreche ich etwa das Wort „Löwe“ aus, ohne einen Löwen zu sehen. Mein Gesprächspartner weiß aber, was ich meine. Auch wenn ich eine Handlung beschreibe, etwa mit dem Satz: „Löwen können gefährlich sein“, werde ich richtig verstanden. Diese Beispiele mögen Ihnen selbstverständlich und banal erscheinen. Für jemanden, der die Sprache beherrscht, ist es das auch. Nicht aber für das Kleinkind. Das Kleinkind muss über einen komplizierten Lernvorgang begreifen, dass Wörter und Sätze ganz bestimmte Dinge, Zustände oder Handlungen symbolisieren. Das bezeichnet man als ***Sprachverständnis***.
Erst wenn das Kind diesen Zusammenhang erfasst hat, kann es selbst Dinge und Handlungen sinnvoll mit Wörtern benennen. Dieses Benennen ist das Sprechen oder die ***Sprechfähigkeit***. Die Sprechfähigkeit ist im engeren Sinne das Vermögen, richtige Laute zu erzeugen und daraus Wörter zu bilden. Zum Sprechen gehört auch der ***Stimmklang***. Die menschliche Stimme soll nicht krächzend, piepsend, unverständlich, sondern melodisch, rhythmisch sinnvoll fließend klingen.
Den Begriff ***Sprache*** verwenden wir also als Oberbegriff für unterscheidbare Qualitäten, die beim ungestörten Sprachgebrauch ergänzend ineinander greifen:

Sprache = { Sprachverständnis
Sprechfähigkeit und Stimmklang }

1.2. Entwicklungsstufen der Kindersprache

Um beurteilen zu können, wann man ein Kind als sprachgestört betrachten muss, sollte man wissen, wie die Sprachentwicklung normalerweise verläuft. Die folgenden Angaben nach Monaten und Jahren sind nur ungefähre Werte. Man muss von Fall zu Fall immer neu entscheiden, ob eine Abweichung von solchen Durchschnittswerten als eine Sprachentwicklungsverzögerung zu betrachten ist.

1. Monat
Schreien. Zeitweises Schreien ist für die Ausbildung der Atmungs- und Stimmorgane gesund. Das Kind reagiert auf Lautquellen. Leises Sprechen wirkt beruhigend.

2. – 3. Monat
Beginn des Lallens. Spielerisch werden Selbstlaute, Gurgel-, Sprudel- und

Schnalzlaute erzeugt. Manche solcher Laute gehen später wieder verloren, da sie in unserer Sprache nicht gebraucht werden. Das Kind reagiert deutlicher auf Schallquellen. Es dreht den Kopf, um Laute wahrzunehmen.

4. – 7. Monat
Das Kind plappert die eigenen Lauterzeugnisse nach (***Echolaute***). Dadurch lernt es, später die Laute anderer Personen nachzuahmen. Das ist für die Sprachentwicklung wichtig. Kinder in Krankenhäusern oder Heimen sind schon hier stark benachteiligt. Ebenso können gehörlose, blinde, cerebral bewegungsgestörte oder geistig behinderte Kinder schon in diesem Alter von wichtigen Bedingungen einer natürlichen Sprachentwicklung abgeschnitten sein.

8. – 12. Monat
Beginnendes Verständnis, dass mit Sprache Dinge, Zustände und Handlungen verbunden werden. Diese wichtige Phase, die für das Sprachverständnis unumgängliche Voraussetzung ist, nennt man auch ***Symbolverständnis***. Das Kind beginnt die Bedeutung des Sprechens zu verstehen. Es reagiert auf kleine sprachliche Aufforderungen und erteilt schon erste Befehle: „Dada", das heißt: „Ich möchte ausgehen." Bei Kindern mit ganz speziellen Sprachstörungen, die wir in einem weiteren Kapitel noch erklären werden – wie Entwicklungsaphasie, Lautagnosie, verbaler Apraxie usw. – ist gerade dieser Lernvorgang so stark behindert, dass in der Folge die weitere Sprachentwicklung nur begrenzt möglich ist.

13. – 18. Monat
Das Kind ahmt die Spracherzeugnisse der Erwachsenen nach (***Echosprache***). Das Nachplappern bereitet offensichtlich Freude. Wenn es ein Wort spricht, meint es damit einen ganzen Satz (***Einwortäußerung***): „Bäbä" soll heißen: „Das schmeckt mir nicht." Es werden noch lange nicht alle Lautverbindungen der Muttersprache beherrscht. Einfache Tonfolgen werden in der Lallsprache nachgesungen.

18. Monat – 2. Lebensjahr
Die sprachliche Entwicklung schreitet zusammen mit der geistigen Entwicklung voran. Viele neue Wörter und Wortzusammenstellungen werden erlernt. Aus der Einwortäußerung entsteht der ***Zweiwortsatz***. Beispiel: „Wauwau dada" soll bedeuten: „Der Hund ist draußen."

2. – 3. Lebensjahr
Der Zweiwortsatz wird zu einem „Worthaufen" oder ***Mehrwortsatz*** ausgedehnt. Zuerst sind diese Mehrwortsätze vom Satzbau her noch fehlerhaft aufgebaut. Beispiel: „Hans hinfallen. Bein aua" bedeutet: „Ich (Hans) bin hingefallen und mein Bein tut weh." Kinder mit schweren Sprachbehinderungen oder geistig behinderte Kinder verbleiben manchmal über Jahre auf dieser Entwicklungsstufe.

3. – 4. Lebensjahr
Das normal entwickelte Kind macht in der Laut- und Satzbildung deutliche

Fortschritte. Wenn es bisher schwierigen Lautverbindungen ausgewichen ist und etwa für „Schokolade" „lottolade" sagte, so bemüht es sich nun, lautrichtig zu sprechen. Nur besonders ungewohnte Laute („Qualm" usw.) und lange Wörter bereiten weiterhin Schwierigkeiten. Einfache Sätze werden richtig gegliedert. Hauptsätze werden mit ersten ***Nebensätzen*** verbunden: „Ich komme, wenn ich fertig gespielt habe." Die Frageperiode setzt ein: „Was ist das?"

4. – 5. Lebensjahr
Das Kind beherrscht alle Laute und Lautverbindungen. Sätze werden mit Ausnahme geringfügiger Regelverstöße richtig gebildet. Im Alter von 5 Jahren ist die Spracherlernung in den Grundzügen abgeschlossen. Eine weitere Ausformung und Verfeinerung findet in der Schulzeit statt.

Sind günstige Lebensumstände schon dem Kleinkind verwehrt, wird sich das schon frühzeitig auf seine Sprechfähigkeit auswirken. Dabei handelt es sich weniger um eine Sprachstörung im hier gemeinten Sinne, sondern um eine umweltbedingte Lernbeeinträchtigung.

1.3. Sprachstörungen im Kindesalter

Definition: Man bezeichnet ein Kind als sprachgestört,
- wenn es im Vergleich zu seiner Altersgruppe in seiner Sprachentwicklung zeitlich deutlich verzögert ist,
- wenn es im Zusammenhang mit einer Entwicklungsbehinderung (z.B. einer körperlichen oder geistigen Behinderung) nur erschwert die Sprache erlernt oder
- wenn es zwar die wesentlichen Stufen der Sprachentwicklung altersgemäß durchläuft, aber gegen bestimmte Regeln der Laut-, Wort- oder Satzbildung verstößt.

Diese allgemeine Definition wollen wir noch genauer erläutern. Bei kleinen Kindern ist die Altersnorm der wichtigste Maßstab zur Beurteilung einer Sprachstörung. Im nächsten Absatz soll das an einem Beispiel erklärt werden.

1.3.1. Von der Altersnorm abweichende Sprachentwicklung

Fallbeispiel: Burghard ist 2 Jahre alt. In seiner bisherigen Entwicklung ist den Eltern keinerlei Besonderheit aufgefallen. Er spricht in der üblichen „Kleinkindersprache". So sagt er etwa: „Bubu adda". Die Mutter versteht diesen Satz so: „Burghard möchte gerne ausgehen." Es besteht auch kein Grund, diese Sprechweise als unangemessen („normabweichend") zu betrachten. Sie liegt im Durchschnitt der Sprechfähigkeit 2-jähriger Kinder.
Als Burghard 3 Jahre alt ist, spricht er den gleichen Satz so: „Bubu dauten dehen follen." Die Mutter sieht eine Weiterentwicklung der Sprache, ist aber doch ein wenig besorgt. Sie beobachtet, dass die meisten gleichaltrigen Spielgefährten ihres Kindes besser sprechen. Ihre Besorgnisse über die „undeutliche Aussprache" ihres Kindes teilt sie Freunden und Bekannten mit. Alle beruhigen sie und sagen, es handele sich doch nur um eine unerhebliche Verzögerung. Das werde sich schon bald geben.
Mit 4 Jahren kommt Burghard in den Kindergarten. Burghards Sprechfähigkeit steht nun-

mehr im ständigen Vergleich zu der seiner Spielgruppe. Wenn die Erzieherin in der Malstunde jedes Kind fragt, was es gemalt habe, antwortet Burghard vielleicht so: „Doten Mann ich male. Dat Nitolaut." Ein gleichaltriges Kind antwortet vielleicht so: „Das ist doch der Nikolaus. Das hab' ich gemalt."

Burghards Sprechfähigkeit ist nicht altersgemäß entwickelt. Er beherrscht einige Laute nicht und bildet regelwidrige Sätze. Die gleiche Sprache wäre mit 2 oder noch mit 3 Jahren unauffällig gewesen. Spricht ein Kind mit 4 Jahren so, handelt es sich eindeutig um eine Sprachstörung, die sich keinesfalls ohne therapeutische Maßnahmen „bald geben" wird.

1.3.2. Sprachstörungen bei behinderten Kindern

Wenn ein Kind im 1. Lebensjahr nur gering auf Sprache oder andere Schallquellen reagiert, so sollte das immer ein Alarmzeichen sein. Für solch eine Sprachentwicklungsbehinderung kann es verschiedene Gründe geben, wie Gehörlosigkeit, Schallempfindungsstörung, Sprachaufnahmestörung oder Intelligenzbehinderung.
Manche behinderten Kinder entwickeln im 2. und 3. Lebensjahr ein zunehmendes Sprachverständnis, aber nur begrenzt Sprechfähigkeit. Sie verwenden wenige Wörter (Signalwörter) und verständigen sich vornehmlich mit Gestik (Handzeichen usw.) und Mimik (Gesichtsausdruck). In den meisten Fällen ist bei behinderten Kindern schon das Sprachverständnis nicht altersgemäß entwickelt. Wenn sprachliche Anweisungen in Satzform bis hin zum 3. Lebensjahr nur begrenzt verstanden werden, besteht die Sprachstörung im Zusammenhang mit einer weiteren Behinderung der Entwicklung des Kindes. Es gibt freilich auch viele behinderte Kinder, die nicht vornehmlich durch eine Sprachstörung auffallen. Wir wollen jedoch alle diejenigen entwicklungsbehinderten Kinder, die im Sprachverständnis oder in der Sprechfähigkeit erheblich verzögert sind, als sprachgestört bezeichnen. Um die Gruppe der nur in der Sprachentwicklung gestörten Kinder von den mehrfachbehinderten Kindern zu unterscheiden, gebraucht man heute auch die Begriffe ***Sprachentwicklungsverzögerung*** und ***Sprachentwicklungsbehinderung***.

1.3.3. Von der Altersnorm unabhängige Sprachstörungen

In allen Sprachgemeinschaften gibt es Übereinkünfte, wie man bestimmte Laute möglichst gut aussprechen sollte. Zudem schreiben uns festgesetzte Regeln (Grammatik) vor, welche Realisation von Sprache richtig ist und nicht festgesetzte Erwartungen (Konventionen), weiches Sprechverhalten beim Kontakt mit anderen (Kommunikation) vorteilhaft ist.
In der deutschen Sprache gibt es eine ziemlich genaue Vorstellung darüber, wie z.B. ein s-Laut gebildet werden soll. Fehlformen werden als Lispeln, Anstoßen usw. empfunden. Solche Sprechfehler treten in jedem Lebensalter auf. Wenn ein Erwachsener lispelt, kann man sicher nicht sagen, dass seine Sprache nicht altersgemäß entwickelt ist. Der Lautbildungsfehler verstößt aber gegen eine Aussprachereqel der Sprachgemeinschaft. Lautbildungsfehler sind im Klein-

kindalter altersspezifisch zu beurteilen, bei Kindern, Jugendlichen und Erwachsenen nur gemäß den bestehenden Lautgesetzen einer Sprache.
Die Unfähigkeit, richtige Sätze zu bilden, ist eine Sprachstörung, die altersspezifisch oder entwicklungsspezifisch eingeordnet werden kann (siehe Fallbeispiel „Burghard", Kapitel 1.3.1.). Daneben sind aber bei Kindern falsche Satzbildungen und Sprechweisen zu beobachten, die nicht auf einer tief verwurzelten Unfähigkeit, sondern auf einer erlernten Oberflächlichkeit beruhen. Als Beispiel nehmen wir ein Kind, das bis zum Schuleintritt ohne Kindergarten- oder Vorschulbesuch in einer Umwelt aufgewachsen ist, die nur Dialekt sprach. Es ist zu erwarten, dass bei diesem Kind in der Hochsprache Regelverstöße auftreten. Diese Regelverstöße sind nicht unbedingt altersspezifisch, sondern können umweltbedingt in jedem Alter wirksam sein.

2. Welche Ursachen können Sprachstörungen haben?

Jeder Sprachheilbehandlung geht eine Befragung der Eltern nach der Vorgeschichte des Kindes, eine genaue Feststellung der vorliegenden Sprachstörung und die Erforschung der Ursachen für die Störung voraus. Daraus ergibt sich folgendes Schema bei der Behandlung:

1. Anamnese (Vorgeschichte, Entwicklung des Kindes)

2. Diagnose (Bestimmung der Sprachstörung)

3. Ätiologie (Ursachenerforschung)

4. Therapie (Behandlung und Elternberatung)

Für die Therapie ist die Kenntnis der Ursachen wichtig, da nur so möglichst wirksame Behandlungsprogramme erstellt werden können. Die Ursachen müssen jedes Mal neu erforscht werden, weil sie sich von Kind zu Kind verschieden darstellen. Man kann z.B. nicht sagen, für das Stottern gibt es folgende Ursache und das trifft auf jedes Kind zu. Das kann man schon deswegen nicht, weil fast alle Sprachstörungen durch mehrere Ursachen entstanden sind. Den Versuch, eine menschliche Verhaltensweise mit einer einzigen Begründung zu erklären, nennen wir ***monokausal*** (eine Ursache). Die Begründung einer Verhaltensweise – in unserem Fall einer Sprachstörung – durch mehrere Ursachen (Faktoren), nennen wir eine ***multifaktorielle Erklärung*** (d.h. durch viele Ursachen bedingt).

2.1. Organische Ursachen

Eine Sprachstörung ist organisch verursacht, wenn sich bei der Diagnose eine der folgenden Schädigungen herausstellt:

frühkindliche Hirnschädigung (mit Intelligenzbehinderung gekoppelt),
leichte (diffuse) Hirnschädigung,
Nervenbahnschädigung,
frühkindliche Schädigung der Sprachzentren im Hirn,
Hirnverletzungen (Unfall, Vergiftung usw.)
Missbildungen der Sprechorgane,
Schäden an den Sprech- oder Hörorganen.

2.2. Konstitutionelle Ursachen

(Worterklärung: der Begriff ***Konstitution*** kommt aus dem Lateinischen und bedeutet: Zustand, Beschaffenheit. Konstitution ist die vorwiegend durch Anlage bedingte Beschaffenheit eines Menschen. Sie äußert sich in Reaktionen und Beanspruchbarkeit der über die Sinnesorgane aufgenommenen Umweltreize einer Person. Konstitution bezeichnet gleichzeitig eine organische und eine psychische Komponente.)
Eine Sprachstörung nennen wir konstitutionell verursacht, wenn sich einer der folgenden Zustände diagnostizieren lässt:

gesamtkörperliche Leistungsschwäche,
motorische Störungen (Bewegungsstörungen des Gleichgewichts, der Seitigkeit, der Hände usw.),
Beeinträchtigung in der sensomotorischen Reifeentwicklung hinsichtlich der
a) optischen (Unterscheidung des Gesehenen),
b) phonematischen (Unterscheidung des Gehörten),
c) kinästhetischen (Wahrnehmung von eigenen Körperbewegungen, z.B. Bewegungen der Zunge) und
d) rhythmischen Differenzierung (feinmotorische Taktbewegungen).

2.3. Psychosoziale Ursachen

Eine Sprachstörung hat eine psychosoziale (seelisch-umweltbezogene) Ursache, wenn sich für das Kind folgende Gegebenheiten diagnostizieren lassen:

schlechte sprachliche Vorbilder (auch: Sprachfehler bei Eltern und Geschwistern),
falsches Verhalten gegenüber der Sprachentwicklung des Kindes (Beispiel: „Du stotterst ja!“),
Erziehungsfehler: zu streng, zu nachlässig, zwiespältig (einmal so – einmal so),
ungünstige Familiensituation (Beispiel: Ehestreit; Kind wird manchmal von der Großmutter, manchmal von der Mutter erzogen),
mangelhaftes oder falsches Wissen der Eltern,
Bezugsprobleme zu Geschwistern,
fehlende Bezugsperson (z.B. im Krankenhaus),
zweisprachige Umwelt (z.B. Fremdarbeiterkinder),
ungünstige räumliche und wirtschaftliche Verhältnisse (hier spricht man von soziokulturellen Ursachen),
zahlreiche weitere für das Kind ungünstige Umwelteinflüsse.

2.4. Fallbeispiele

2.4.1. Fallbeispiel: Organische Ursache einer Sprachstörung

Gerda ist 5 Jahre alt. Sie ist ein normal intelligentes und kontaktfreudiges Kind. Ihren eigenen Namen spricht sie so: „ –erha“. Mehrere Laute kann sie gar nicht bilden. Die gesamte Sprache klingt verwaschen, die Stimme näselnd und gequetscht. Gerda ist mit einer Lippen-Kiefer-Gaumen-Spalte geboren worden. (Abkürzung: L-K-G-Spalte. Die in der Umgangssprache noch üblichen Bezeichnungen „Hasenscharte“ und „Wolfsrachen“ wollen wir niemals verwenden, da sie einen entstellenden und beleidigenden Beiklang haben.) Die Sprachstörung hat eindeutig eine organische Ursache. Dass Gerda auch nach erfolgreicher operativer Beseitigung der L-K-G-Spalte im vierten Lebensjahr die Sprachstörung bis jetzt beibehalten hat, liegt darin begründet, dass sie aufgrund der Missbildung eine richtige Lautbildung (Artikulation) und Sprechat-

mung (Phonation) nicht erlernen konnte. Die Sprachstörung ist jetzt fest eingeschliffen, sie ist zum festen Bestandteil, zur Funktion geworden. Man spricht daher von einer ***funktionellen*** Störung.
Die Diagnose lautet in diesem Fall: Funktionelle Lautbildungsfehler und Stimmstörung mit organischer Ursache.

2.4.2. Fallbeispiel: Konstitutionelle Ursache einer Sprachstörung

Die 6-jährige Christina antwortet auf die Frage nach ihrem Namen: „Ich heiße Tistina". Da sie beim Sprechen den k-Laut ersetzt hat, kann vermutet werden, dass sie diesen Laut nicht bilden kann. Nach Aufforderung spricht sie die Wörter „Kamm", „Kuh" aber richtig nach. Sie kann also einen k-Laut bilden, lässt ihn jedoch in der Spontansprache zumeist aus.
Christina merkt nicht, dass sie den Laut k durch t ersetzt. Eine folgende Hörprüfung ergibt, dass ihr Gehör normal ist. Sie unterscheidet aber Sprachlaute bei der Aufnahme im Sprachzentrum nicht gut. Es handelt sich um eine Teilleistungsschwäche von Sinnesorganen (***sensomotorische Rückständigkeit***), genauer: um eine Unterscheidungsschwäche von Sprachlauten (***phonematische Differenzierungsschwäche***). Diese äußert sich beim Sprechen durch Artikulationsfehler.
Die Diagnose muss lauten: Artikulationsfehler (mit genauer Bezeichnung der betroffenen Laute) aufgrund einer phonematischen Differenzierungsschwäche mit konstitutioneller Ursache.

2.4.3. Fallbeispiel: Psychosoziale Ursache einer Sprachstörung

Der 5-jährige Peter wird zusammen mit seinem ein Jahr älteren Bruder zur Sprachtherapie überwiesen. Beide Kinder beherrschen mehrere Laute nicht. Der Wortschatz ist dürftig, die Ausdrucksweise im freien Gespräch ist nicht altersgemäß und von Regelfehlern im Satzbau begleitet. Schon beim ersten Therapieversuch wird sichtbar, dass Peter viel lernfähiger ist als sein Bruder. Da die Mutter in der Landwirtschaft aushilft, sind die Kinder sich oft allein überlassen. Sie haben keinen Kindergarten besucht und nur wenig Kontakt mit anderen Kindern. Zu Hause wird Dialekt gesprochen.
Peter ist in einem sprachanregungsarmen Milieu aufgewachsen. Lautbildungsfehler hat er im nachahmenden Lernen (Imitation) von seinem Bruder übernommen. Es wurde ihm kein Muster zur Verfügung gestellt, nach dem er sich hätte richten können.
Die Diagnose kann lauten: Sprachentwicklungsverzögerung mit psychosozialer Ursache.

3. Sprachstörungen im Zusammenhang mit anderen Persönlichkeitsmerkmalen

3.1. Sprachstörungen als isolierte oder integrierte Behinderung

Alle Sprachstörungen lassen sich mit:
a) organischen,
b) konstitutionellen oder
c) psychosozialen Ursachen erklären.
Schädigungen oder Beeinträchtigungen in diesen Bereichen können zu Entwicklungsbehinderungen führen. In manchen Fällen sind die Beeinträchtigungen so gering, dass sie folgenlos bleiben. In anderen Fällen sind die ursächlichen Schädigungen so bedeutsam, oder es liegen sogar gleichzeitig mehrere Verursachungen vor, dass eine Behinderung für das Kind die Folge ist. Diese Behinderung braucht sich keineswegs nur auf den Bereich der Sprache zu erstrecken. Eine Schädigung kann sich als Behinderung in folgenden Bereichen der Persönlichkeit auswirken:

- im Bereich des Organischen,
- im Bereich der Motorik,
- im Bereich der Intelligenz,
- im Bereich der Sprache,
- im Bereich des Sozialverhaltens.

Ist das Kind nur in einem Bereich behindert – z.B. liegt ein leichter Lautbildungsfehler als Sprachstörung vor – so sprechen wir von einer Einfachbehinderung oder ***isolierten Behinderung***. Liegen Behinderungen in zwei oder mehreren Bereichen vor, so sprechen wir von einer Mehrfachbehinderung oder ***integrierten Behinderung***.
Die fünf Bereiche von Persönlichkeitsmerkmalen wirken nun wiederum mehr oder weniger stark aufeinander ein. In diesem Sinne wird eine Behinderung Ursache für eine weitere Behinderung. Die erste Ursache (organisch/konstitutionell/psychosozial) nennen wir Grundbehinderung (***primäre*** Schädigung), die daraus folgende Behinderung nennen wir Folgebehinderung (***sekundäre*** Störung). Diesen komplizierten Sachverhalt wollen wir an einem Fallbeispiel verdeutlichen.

Fallbeispiel: Michael leidet seit der Geburt unter einer Bewegungsstörung. Diese primäre Schädigung hat eine organische Ursache. Die Folge der organischen Schädigung ist eine Behinderung im Bereich des Organischen und der Motorik. Diese Behinderungen sind sekundäre Störungen. Wir nehmen nun an, dass die motorische Behinderung sich so auswirkt, dass Michael bestimmte Laute schlecht artikuliert. So entsteht aus der sekundären Störung eine Folgebehinderung im Bereich der Sprache. Diese dritte Folgebehinderung kann auch noch eine vierte Folgebehinderung nach sich ziehen. Wenn Michael wegen seiner Sprachstörung ständig von anderen Kindern gehänselt wird, reagiert er darauf vielleicht mit Angst oder Wut. Er wird verhaltensauffällig. Das bedeutet eine Behinderung im Bereich des Sozialverhaltens. Auf diese Weise können sich bei einem normal intelligenten Kind aufgrund einer vielleicht nur leichten primären Schädigung durch Wechselwirkung Behinderungen in mehreren Persönlichkeitsbereichen einstellen. Die Sprachstörung wäre in diesem Fall als eine ***integrierte Behinderung*** zu betrachten.

Im folgenden Schaubild sollen diese vielschichtigen Beziehungen und Wechselwirkungen zusammengefasst werden.

Abb. 1: Schematische Darstellung der Ursachen und möglichen Folgen und Wechselwirkungen für Entwicklungsstörungen

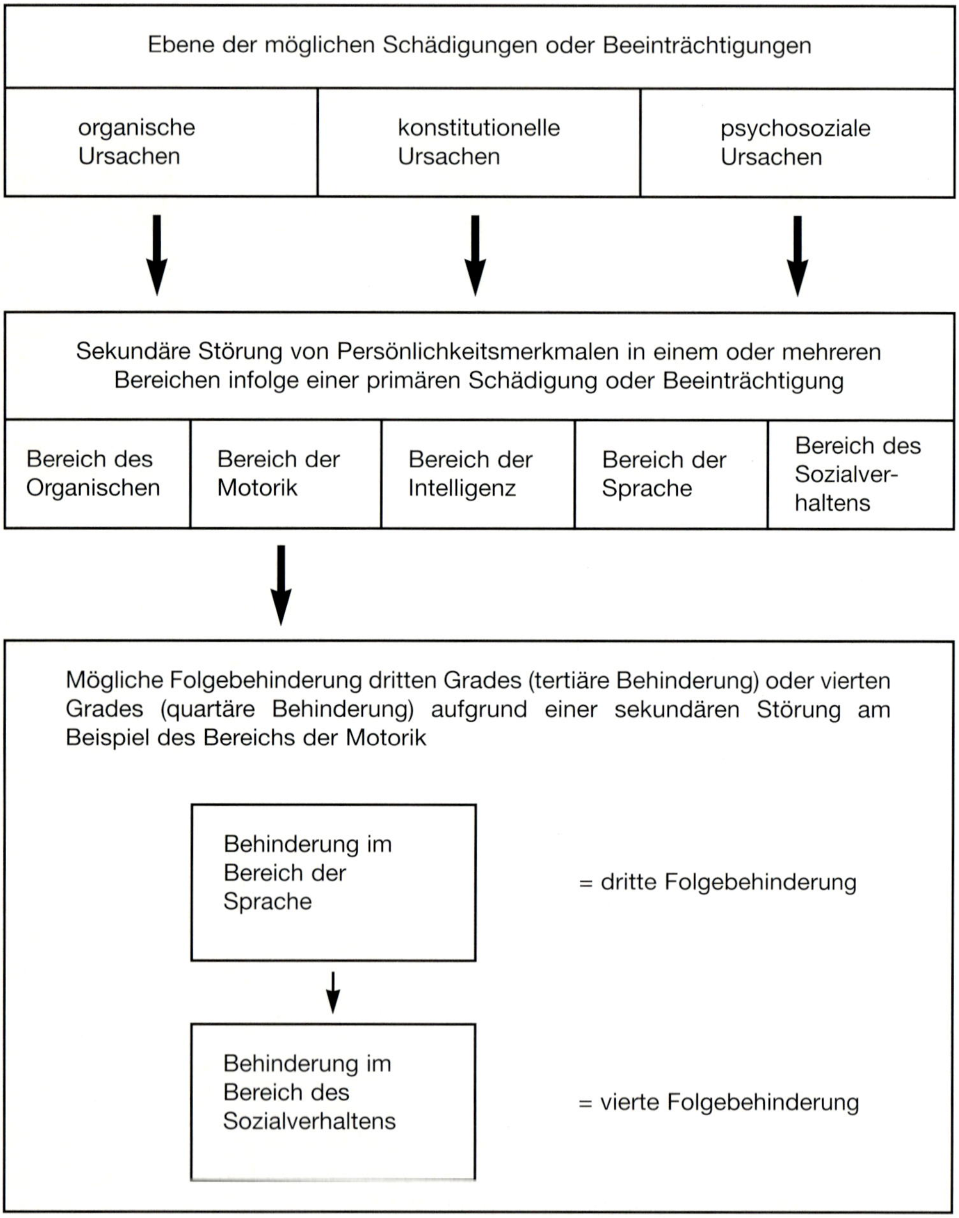

In der Praxis liegen diese Zusammenhänge nun keineswegs auf den ersten Blick offen. Vielmehr bedarf es in vielen Fällen einer eingehenden Diagnose oder längeren Beobachtung, um die Zusammenhänge von Ursachen und Wirkungen richtig einzuordnen. Eine Möglichkeit dafür besteht in der Methode, beim sprachgestörten Kind die einzelnen Bereiche der Persönlichkeitsmerkmale zu betrachten. Das wollen wir mit den folgenden Fragestellungen allgemein überprüfen.

3.2. Ist das sprachgestörte Kind durchschnittlich intelligent?

Diese Frage muss verallgemeinernd mit voller Betonung zuerst so beantwortet werden: Die größte Anzahl der Kinder, bei denen Sprachstörungen aufgefallen sind, ist ebenso intelligent wie andere Kinder. Gerade in diesem Punkt bestehen in der Öffentlichkeit noch große Vorurteile. Allgemein bekannte Sprachstörungen wie Lispeln oder Stottern werden auch von Laien nicht mit einer Intelligenzbehinderung gleich gesetzt. Anders sieht es schon bei von der Altersnorm abweichenden Sprachentwicklungsverzögerungen aus. Selbst Erzieher oder Lehrer schließen in solchen Fällen manchmal vorschnell von der Sprachstörung auf eine allgemeine Reifeverzögerung (Retardierung). Welche Folgen eine Fehleinschätzung haben kann, zeigt folgendes Fallbeispiel:

Kerstin ist 6 Jahre alt. Sie kann die Laute k/g und s noch nicht bilden. Bei der Einschulungsuntersuchung wird sie nach ihrem Namen gefragt. Kerstin sagt: „Ich heite Tertin." Die Lehrerin glaubt, nicht gut zugehört zu haben und fragt noch einmal. Nun wird Kerstin unsicher, bekommt Angst und versteckt sich hinter der Mutter. Sie verweigert auch jeden weiteren Kontakt. Die Mutter gibt zu Protokoll, dass ihre Tochter noch nicht richtig sprechen könne und wohl deswegen noch nicht schulreif sei. Kerstin wird nun tatsächlich ein Jahr vom Schulbesuch zurückgestellt. Die Lehrerin empfiehlt eine Vorstellung beim Gesundheitsamt. Von dort wird Kerstin an einen Sprachtherapeuten verwiesen. Nach einem halben Jahr Therapie spricht Kerstin fehlerfrei. Es erweist sich, dass sie normal intelligent und in keinem Bereich behindert ist. Während die gleichaltrigen Kinder die Schule besuchen, geht Kerstin noch ein Jahr in den Schulkindergarten.

Ganz anders zu betrachten sind solche Kinder, bei denen als Primärschädigung eine Intelligenzbeeinträchtigung etwa im Sinne einer geistigen Behinderung vorliegt. Geistig behinderte Kinder sind immer in mehreren Persönlichkeitsmerkmalen behindert. Mehr als 80% dieser Kinder leiden auch unter den unterschiedlichsten Sprachstörungen. In diesen Fällen ist also die Sprachstörung im Zusammenhang mit der geistigen Behinderung zu beurteilen.
Es gibt daneben noch eine Gruppe von Kindern, bei denen die Erforschung des Zusammenhangs von Intelligenz und Sprache mit Schwierigkeiten verbunden ist. Hiermit meinen wir besonders Kinder mit schweren Sprachentwicklungsstörungen, für die sich kein Ursachenbefund erstellen lässt. Wenn etwa ein Kind im schulpflichtigen Alter noch unverständlich spricht und zusätzlich schlechte Lernleistungen in den Schulfächern zeigt, ergeben sich zumindest drei Möglichkeiten: Zuerst kann es sich um eine Entwicklungsstörung handeln, die sich gleichzeitig auf Intelligenz und Sprache ausgewirkt hat. Zum Zweiten

kann eine Intelligenzstörung vorliegen, die eine Sprachstörung zur Folge hatte. Zum Dritten kann aber auch eine Sprachentwicklungsstörung die Ursache für eine Intelligenzbehinderung sein. Gerade dieser letzte Fall wird oft nicht richtig erkannt. Für den Sprachtherapeuten hat das weitgehende Konsequenzen. Es muss in solchen Fällen nämlich möglich sein, über eine frühzeitig einsetzende Sprachtherapie eine normale Intelligenzentwicklung überhaupt erst zu ermöglichen. Fehldiagnosen sind für das Kind folgenschwer. Sie können falsche Beschulungen nach sich ziehen und sind bei fortschreitendem Alter des Kindes nur noch schwer zu revidieren.

3.3. Ist die Motorik normal entwickelt?

Definition: Wir verstehen unter Motorik ein fließendes Ineinander greifen bewusster und unbewusster Körperbewegungen. Diese Bewegungen sollen sich möglichst gut allen geplanten und ungeplanten Situationen anpassen. Die feinen Körperbewegungen ergeben sich aus dem vom Hirn gesteuerten Zusammenwirken von Sinnesorganen, Nerven und Muskeln. Große Bewegungen nennen wir Grobmotorik, feine Bewegungen Feinmotorik. Es gibt eine sichtbare und eine verborgene, eine bewusste und eine unbewusste Motorik.
Eine motorische Behinderung zeigt sich in unsicheren, hastigen, zerfahrenen oder eckigen und schwerfälligen Bewegungen, in Seitenunsicherheit, Gleichgewichtsstörungen, unsicheren Reaktionen auf plötzliche Reize, Schlaffheit, Überspannung oder schlechter Beherrschung feinster Bewegungsabläufe (z.B. der Finger oder auch der Zunge).
Eine motorische Behinderung darf nicht mit einer Körperbehinderung gleich gesetzt werden. Als körperbehindert bezeichnet man Kinder, die durch Missbildungen oder erworbene Schädigungen in ihrer Bewegungsfreiheit eingeschränkt sind. Dagegen verstehen wir die motorische Behinderung als Ausdruck einer konstitutionellen Beeinträchtigung. Da dieser Zustand körperliche und psychische Bereiche betrifft, spricht man auch von „Psychomotorik“. Eine Körperbehinderung kann freilich eine psychomotorische Behinderung zur Folge haben.
In welchem Zusammenhang steht nun die motorische Reifeentwicklung mit Sprachstörungen? Wenn ein Kind in seiner Grobmotorik gestört ist, kann sich das auf die Laut- und somit Wortbildung negativ auswirken. Das trifft zum Beispiel bei cerebral bewegungsgestörten Kindern wie Spastikern zu. Schon schwerer zu erkennen sind Störungen der Feinmotorik. Diese betreffen z.B. feine Fingerbewegungen oder das fließende Zusammenspiel von Bewegungen der Sprechorgane. So kann eine feinmotorische Ungeschicklichkeit von Zungen- und Lippenbewegungen zu s- und sch-Lautfehlern führen. Wir dürfen nicht vergessen, dass zwar nicht die Sprache als solche, wohl aber das Sprechen oder besser die Sprechfähigkeit in der letzten Ausführung eine motorische Tätigkeit ist.
Für das Erkennen und die Behandlung von Sprachstörungen ist ein weiterer Bereich der Motorik von großer Bedeutung. Dieser betrifft die Differenzierungs-

fähigkeit von Sinneseindrücken und deren Verarbeitung. Hierfür verwendet man den Begriff „Sensomotorik". Wir haben dieses Problem schon in den Kapiteln 2.2 und 2.4.2 kurz angeschnitten. Dort haben wir als sensomotorische Teilleistungsschwächen Reifeverzögerungen im optischen, phonematischen, kinästhetischen und rhythmischen Bereich genannt. Zur Erläuterung soll folgendes Fallbeispiel dienen:

Der 5-jährige Frank ist normal intelligent und zeigt ein offenes und freundliches Verhalten. Er hat keine körperlichen Auffälligkeiten. Seine Sprachentwicklung ist jedoch deutlich gestört: Konsonantenverbindungen wie kr, gr, tr und dr werden ungenau artikuliert, Wortendungen werden oft weggelassen. Eine Hörprüfung mit dem Audiometer ergibt keine Anhaltspunkte für Hörfehler. Bei der Überprüfung der Motorik zeigen sich Unsicherheiten. Frank verwechselt rechts und links, er kann nicht ruhig auf den Zehenspitzen stehen, einen Takt kann er nicht rhythmisch nachklatschen usw. Auf die Frage, ob er lieber einen Fisch oder ein Schiff malen wolle, antwortet er: „Ich male gerne ein Fis". Frank malt nun ein Schiff. Auf den Einwand, dass er doch einen Fisch malen wolle, sagt er unbeirrt: „Ja, ich male ein Fis". Frank werden nun immer zwei Bilder mit ähnlich klingenden Begriffen vorgelegt. Nur ein Begriff wird gesagt, und Frank soll das entsprechende Bild zeigen. So werden ihm etwa die Bilder „Kreis" und „Greis" gezeigt. Als Kreis gesagt wird, zeigt Frank auf Greis usw. Auch als er solche Wortpaare nachsprechen soll, macht er Fehler. So wiederholt er bei „Kragen – tragen" falsch „Kragen – Kragen".
Obwohl Franks Gehör intakt ist, differenziert er gewisse Laute ungenau. So etwas nennt man eine sensomotorische Teilleistungsschwäche, in diesem Fall eine phonematische (auf die Lautunterscheidung bezogene) Differenzierungsschwäche. Die Schwierigkeiten bei der Lautbildung beruhen bei Frank auf einer motorischen Differenzierungsschwäche der Sprechorgane. Das bezeichnet man als kinästhetische Differenzierungsschwäche. Da es sich in unserem Fall um eine Reifungsverzögerung handelt, wird die Sprachtherapie mit Sicherheit schnell gute Erfolge zeigen.

Vielleicht ist nun deutlich geworden, in welchem Maße die Motorik die Sprachentwicklung beeinflussen kann. Während Sprache und Intelligenz sich in starker gegenseitiger Abhängigkeit voneinander entwickeln, ist der Zusammenhang von Sprache und Motorik vornehmlich vom Entwicklungsstand der Motorik zu betrachten.

3.4. Sind die Sprechorgane normal entwickelt?

Diese Frage berührt organische und hirnorganische sowie motorische Ausprägungen. „Sprechorgane" ist zwar ein etwas ungenauer, dafür aber verständlicher Ausdruck. Einschränkend müssen wir bedenken, dass der Mensch nicht mit einem Organ für das Sprechen, wie etwa mit einem Riechorgan oder Hörorgan ausgestattet ist. Fälschlicherweise werden manchmal die Stimmbänder dafür gehalten. In Wahrheit treten beim Sprechen eine Vielzahl von Hirnfunktionen, Körperteilen und motorischen Fähigkeiten in Funktion. In diesem Zusammenhang können wir uns darauf beschränken, nur die körperlichen Funktionen zu beleuchten, die für das Erzeugen von Sprachlauten eine mechanische Bedeutung haben.

Die Erzeugung von Sprachlauten beruht zuerst auf dem Atmungsvorgang und zwar im Wesentlichen auf der Ausatmung. Die Atmung wird durch das Zwerchfell, die Lungenflügel, den Brustkorb, den Kehlkopf, den Rachenraum, die Mund- und Nasenhöhle und durch die Wirbelsäulenstreckung und Rumpfmuskulatur gesteuert.
Eine wichtige Funktion für die Erzeugung von Sprachlauten nimmt der Kehlkopf ein. Der Kehlkopf besteht aus beweglichen Knorpeln, Muskeln, Sehnen und den Stimmlippen (auch Stimmbänder genannt), die durch komplexe Muskeltätigkeit gespannt und entspannt werden. Der Atemstrom trifft somit auf unterschiedliche Widerstände. Dabei entstehen in Form von Stimmhaftigkeit und Stimmlosigkeit wie von Klanghöhe und Klangtiefe unterschiedliche Geräusche. Rachenraum, Mund- und Nasenraum bilden einen Resonanzraum, der den Klang verändert und verstärkt. Dieser noch unspezifische Klang wird durch die Lage und Bewegung weiterer Organe zum Sprachlaut. Diese Organe sind: Der Kiefer, der Gaumen, die Zunge, die Zähne und die Lippen. Beim Gaumen unterscheiden wir einen vorderen harten Gaumen und einen hinteren weichen Gaumen, zu dem auch das Zäpfchen gehört. Die folgende Abbildung zeigt den oberen Teil der Sprechorgane (auch Ansatzrohr genannt).

Abb. 2: Schematische Darstellung der „Sprechorgane“

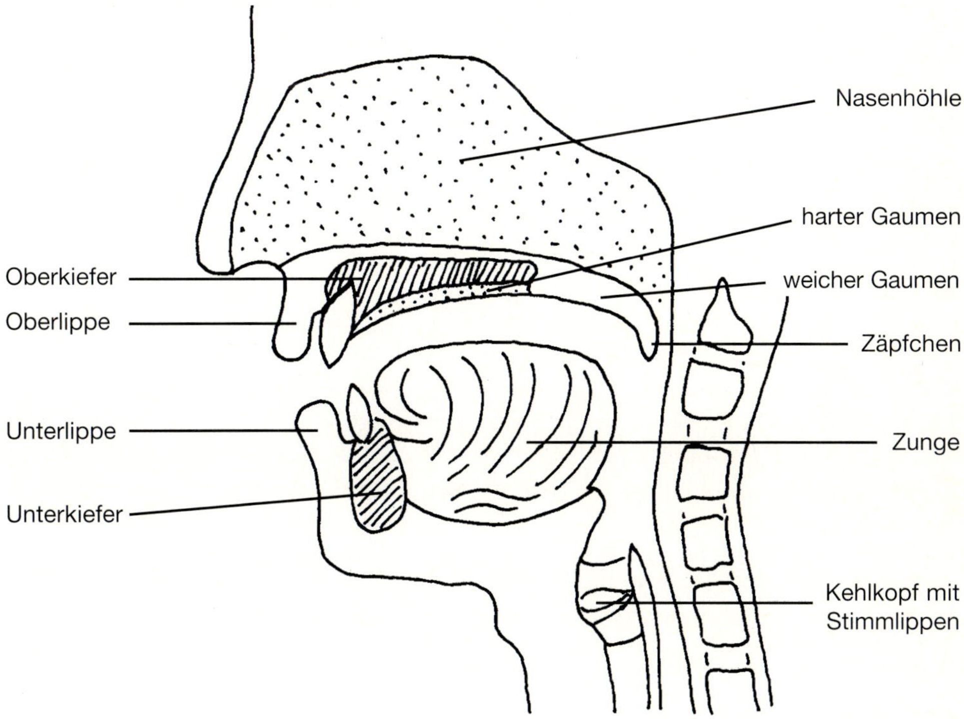

Eine mangelhafte Funktion der Sprechorgane beruht auf organischen Schäden, motorischer Rückständigkeit oder falschem Gebrauch dieser Organe. Die bekannteste organische Schädigung ist die Lippen-Kiefer-Gaumen-Spalte. Weniger bekannt ist, dass auch Haltungsschäden wie Rundrücken und Hohlrücken zur Verspannung der Sprechmuskulatur führen können. Schäden am Kehlkopfknorpel sind sehr selten. Dagegen gibt es zahlreiche Stimmlippenbeschwerden, die aber weniger zu Lautbildungsfehlern als zu Stimmstörungen führen. Auch Schädigungen der Zunge wie zu große Zunge (Makroglossie), zu kleine Zunge (Mikroglossie) oder angewachsenes Zungenbändchen (Ankyloglossie) sind selten die Ursache von Sprechfehlern. Dagegen ist eine motorische Ungeschicklichkeit der Zunge, die auch auf falschem Gebrauch beruhen kann, geradezu eine typische Ursache für manche Sprechfehler. Fast alle s-Laut-Fehler sind mit einer fehlerhaften Zungenbewegung verbunden. Bei den sch-Laut-Fehlern kommt oft noch eine schlechte Motorik der Lippenmuskulatur hinzu. Bei diesen Fällen kann die schlechte Funktion der Sprechorgane auch folgende Ursache haben: Das Kind hat sich den s-Laut-Fehler (***Sigmatismus***) aufgrund eines schlechten Vorbildes angewöhnt. Die jahrelange falsche Sprechweise hat zu einer falschen Zungenlage geführt.

Die häufigste sprechorganisch bedingte Ursache für Sprechstörungen sind Kieferschäden bzw. -bewegungsstörungen sowie die damit verbundenen Zahnstellungsfehler. Elisabeth Blöcher untersuchte in Hannover zwei Klassen einer Sprachheilschule und fand bei über 80% der Kinder verschiedene Kieferanomalien. Dieses Ergebnis lässt sich mit Sicherheit nicht auf alle sprachgestörten Kinder verallgemeinern, zumal andere Forscher (Kozielski/Chilla) zu anderen Ergebnissen gekommen sind. Zweifelsohne macht uns ein solches Ergebnis aber darauf aufmerksam, dass der Bedeutung der weit verbreiteten Kieferschäden bei Kindern als Ursache für Sprechfehler bisher noch nicht die angemessene Beachtung geschenkt worden ist. Solche Schäden lassen sich nämlich mit großem Erfolg durch kieferorthopädische und sprachtherapeutische Maßnahmen beeinflussen.
Es scheint mir wichtig, innerhalb dieses Kapitels noch Folgendes zu betonen: Meiner Ansicht nach haben die meisten Sprachstörungen keinesfalls eine sprechorganische Schädigung als Ursache. Auch nachweisbare sprechorganische Ungeschicklichkeiten sind ja oft nur erlernt. Viel öfter als eine Schädigung an den Sprechorganen führen nach meiner Erfahrung motorische Teilleistungsschwächen, ungünstige Umweltfaktoren und bei einem geringen Prozentsatz unterdurchschnittliche Intelligenz zu Sprachstörungen.
Dieser Einwand schließt aber keineswegs aus, dass wir den sprechorganischen Gegebenheiten bei sprachgestörten Kindern große Beachtung zukommen lassen müssen. Für den Nichtfachmann sind Kieferstellungsfehler noch am ehesten zu beobachten. In den folgenden Schaubildern sollen die wichtigsten Abweichungen verdeutlicht werden. Da die Kieferfehler (***Anomalien***) immer mit Zahnstellungsfehlern gekoppelt sind, sprechen wir von ***Gebissanomalien***.

Abb. 3: Schematische Darstellung von Gebissanomalien

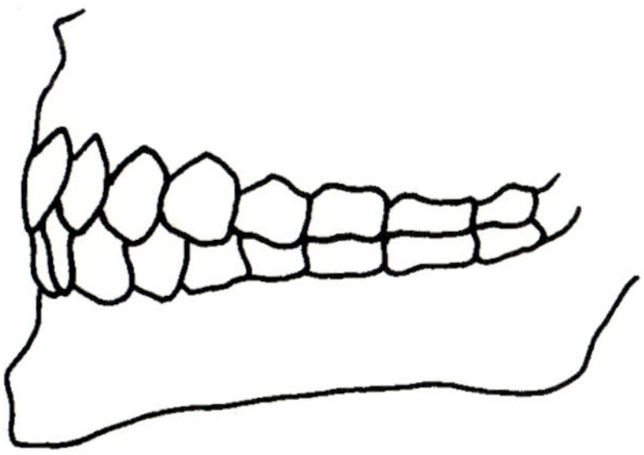

Normaler Biss
(Der Oberkiefer steht einige Millimeter weiter vorn als der Unterkiefer)

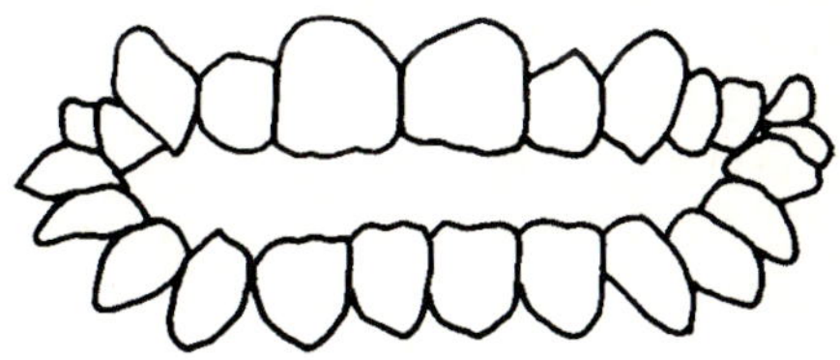

Offener Biss
(Obere Schneidezähne und untere Schneidezähne können keinen Verschluss bilden)

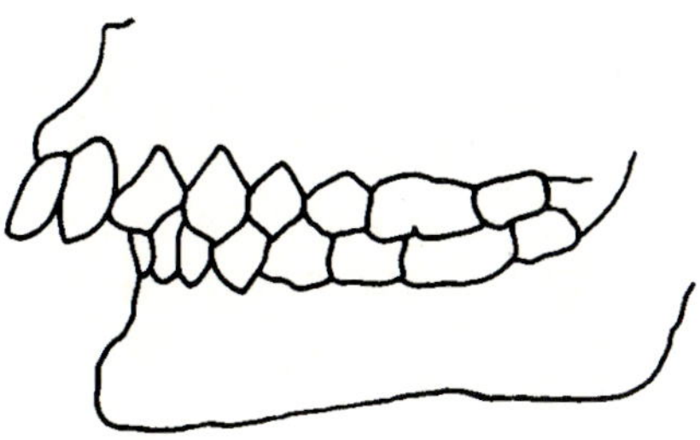

Überbiss („Prognathie“)
(Der Oberkiefer steht zu weit über dem Unterkiefer)

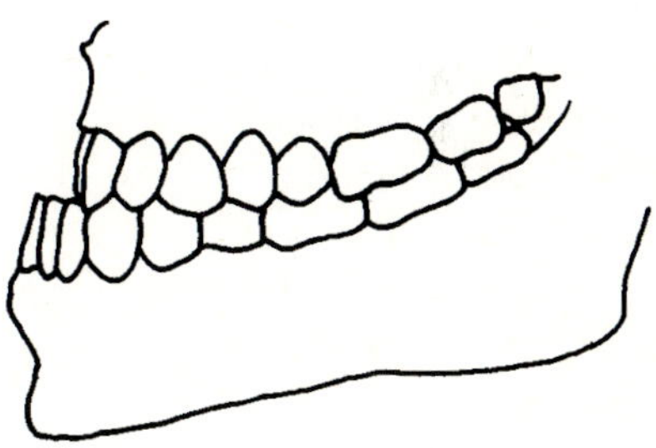

Unterbiss („Progenie“)
(Der Unterkiefer steht zu weit vor dem Oberkiefer)

3.5. Wie ist das Kind aufgewachsen und wie ist es in seiner jetzigen Umwelt integriert?

Mit dieser Frage begeben wir uns auf ein Gebiet, dass den Autor einer Schrift, die sich nicht zuletzt an die Eltern sprachgestörter Kinder richtet, in einige Probleme verstricken kann. Mit dieser Frage werden nämlich die psychosozialen Ursachen von Sprachstörungen erforscht, die sich für jüngere Kinder zuerst aus der Familiensituation ergeben. Die vergangene und gegenwärtige Situation ist selbstverständlich nur mit der geschichtlichen Gegebenheit der Gesellschaft, in der die Familie lebt, zu verstehen. Selbst bei dieser Erkenntnis wird es für viele Eltern schwierig sein, die hohe Bedeutung der familiären Gegebenheiten für bestimmte Sprachstörungen beim eigenen Kind anzuerkennen.
Aus meiner Praxis ist mir bekannt, dass Eltern viel eher bereit sind, organische oder konstitutionelle Erklärungsursachen für die Sprachstörung ihres Kindes zu akzeptieren als Verursachungsgründe, bei denen sie mit einbezogen werden. Wenn schon die Umwelt die Sprachstörung verursacht haben soll, so muss es eine Umwelt sein, für die man selbst nicht verantwortlich gemacht werden kann. So geben auf Befragung die Eltern stotternder Kinder über die Ursache des Stotterns ihres Kindes in sehr vielen Fällen einen kleinen Unfall des Kindes an. Das Kind sei die Treppe heruntergestürzt, habe einen Angstschock erlitten usw. Wahrscheinlich wissen diese Eltern auch, dass alle Kinder vergleichbare Erlebnisse durchgemacht haben, ohne deswegen sprachauffällig zu werden. Solche Erklärungsversuche sind eine ganz natürliche und durchaus verständliche Abwehrreaktion. Insofern haben sie auch einen nicht zu unterschätzenden Wert. Für die Erkennung der wahren Ursachen einer Sprachstörung sind sie aber ziemlich unbedeutend. Um die noch auszuführende erhebliche Bedeutung der Umweltfaktoren für Sprachstörungen erfassbar zu machen, scheint mir eine vorherige Aufhellung der „Schuldfrage“ unausweichlich.
Manche Eltern sprachgestörter Kinder grübeln darüber nach, wer an der Störung Schuld habe. Einige Eltern versuchen, die Schuld dritten Personen anzulasten (z.B. dem Arzt bei der Geburtshilfe). Andere halten sich ausgesprochen oder unausgesprochen selbst für schuldig. In wieder anderen Fällen werden dem Ehepartner Erziehungsfehler vorgeworfen. Alle diese Vorwürfe führen nicht weiter und treffen zumeist auch nicht den Kern der Ursache für eine kindliche Entwicklungsstörung. Eine Schuld könnte man doch nur solchen Eltern nachsagen, die durch willentlich falsche Erziehungsmaßnahmen oder grobe Vernachlässigung Fehlentwicklungen des Kindes bewusst in Kauf nehmen. Solche Eltern sind doch nur eine kleine Minderheit. Wer sich der Mühe unterzieht, diese Schrift zu lesen, gehört ganz sicher nicht dazu.
Unter Theoretikern herrscht über die Bedeutung von Umweltfaktoren für Entwicklungsstörungen große Uneinigkeit. Manche Forscher möchten möglichst alle menschlichen Persönlichkeitsmerkmale mit familiären Anlagen erklären, andere halten Umweltfaktoren für den bestimmenden Faktor der menschlichen Persönlichkeitsausprägungen. Eine dritte Gruppe nimmt eine mittlere Position ein, sie ist dafür, Anlage und Umwelt als Bedingungsfaktoren zu berücksichti-

gen. Indem ich bei der Erklärung von Ursachen für Sprachstörungen organische, konstitutionelle und psychosoziale Gründe genannt habe, ist schon deutlich geworden, dass ich mich zu der letzteren Gruppe zählen möchte.
Es ist an dieser Stelle nicht möglich, die Vielfalt möglicher Umweltfaktoren aufzuzählen, die eine Sprachstörung verursacht oder verstärkt haben können. Bei jeder Sprachstörung sollten wir danach fragen, wie das betroffene Kind aufgewachsen ist und wie es jetzt in seiner nächsten Umwelt lebt (integriert ist). Die folgende Fragenliste gibt Hinweise, welche Umweltfaktoren uns bedeutsam erscheinen.

Fragenkatalog zur vergangenen und gegenwärtigen familiären Situation des Kindes

1. Gab es in der frühkindlichen Entwicklung besondere Probleme, Zwischenfälle oder Schädigungen?
2. Gab oder gibt es in der näheren Verwandtschaft oder Familie Personen mit Sprachstörungen?
3. Welchen Platz nimmt das Kind in der Geschwisterreihe ein und wie ist das Verhältnis zu den Geschwistern?
4. Ist das Kind in besondere Vorkommnisse der Familie (z.B. Ehekonflikte) verwickelt?
5. Wird in der Familie lautgetreues Hochdeutsch gesprochen?
6. Wird das Kind zu streng (körperliche Strafen), zu weich (Verhätschelung) oder zu wenig (Gleichgültigkeit) erzogen?
7. Besteht zwischen den Erziehern Übereinstimmung in den Erziehungszielen?
8. Ist das Kind zeitweise von der Familie getrennt gewesen?
9. Sind beide Elternteile berufstätig?
10. Lebt das Kind in ungünstigen räumlichen und wirtschaftlichen Verhältnissen?
11. Hat das Kind Spielkameraden in der Nachbarschaft?
12. Besucht das Kind einen Kindergarten, eine Schule usw.?
13. Welche Einstellung haben die Eltern zur Sprachstörung des Kindes?

4. Welche Sprachstörungen gibt es?

Wir bedienen uns in diesem Zusammenhang einer Einteilung, die sich nicht an den Ursachen orientiert, sondern den zu beobachtenden Sprachzustand beschreibt. Die ersten fünf Begriffe decken über 80 % aller Sprachstörungen ab. Unter dem Punkt 6 („Besondere Formen“) beschreiben wir die Probleme, die bei unserer etwas vereinfachenden Klassifikation unerwähnt bleiben.

Klassifikation der Sprachstörungen:

1. Lautbildungsfehler oder Stammeln (Dyslalie)
2. Wort- und Satzbildungsfehler (Dysgrammatismus)
3. Stottern (Dysphemie)
4. Poltern (Tachyphemie)
5. Näseln (Rhinolalie)
6. Besondere Formen von Sprachstörungen

4.1. Lautbildungsfehler oder Stammeln (Dyslalie)

Definition: Mit Stammeln bezeichnen wir eine Sprachstörung, welche die Lautbildung (***Artikulation***) betrifft. Das Kind ist nicht in der Lage, Einzellaute oder Lautverbindungen richtig wahrzunehmen und wiederzugeben. Wir können das Stammeln nach Schweregraden gliedern:

a) leichtes Stammeln (***partielle Dyslalie***)
b) mittleres Stammeln (***multiple Dyslalie***)
c) schweres Stammeln (***universelle Dyslalie***)

Beim Stammeln können folgende Fehlerarten auftreten:

1. Ein Laut kann nicht gesprochen werden und wird daher weggelassen. Beispiel: „Sonne“ – „onne“.
2. Ein Laut wird durch einen anderen falsch ersetzt. Beispiel: Für „Gabel“ – „Dabel“.
3. Ein Laut wird falsch ausgesprochen. Beispiel: Für „rot“ – „chot“.
4. Lautverbindungen können nicht richtig gebildet werden. Beispiel: Für „Sprechen“ – „Pechen“.
5. Richtig gekonnte Einzellaute werden an bestimmten Wortstellen vertauscht. Beispiel: Für „Kante“ – „Tante“ und für „tragen“ – „Kragen“.
6. Richtig gekonnte Einzellaute werden nur in bestimmten Verbindungen nicht gesprochen. Beispiel: Für „Blatt“ – „Batt“ und für „Brille“ – „Bille“.

Stammeln ist in Form einer Sprachentwicklungsverzögerung die häufigste Sprachstörung im Vorschulalter. Als Fehlbildung eines Einzellautes (insbesondere des s-Lautes) ist dieser Fehler auch bei Erwachsenen stark verbreitet. Die Sprache eines stark stammelnden Kindes kann annähernd unverständlich sein.

Sätze hören sich dann etwa so an:

„Tau piet mit feim Dan." („Klaus spielt mit seinem Drachen.") „Unne Tatte tit Tutta." („Unsere Katze frisst Futter.")

Es gibt Laute, die selten gestammelt werden, und Laute, die besonders häufig gestammelt werden. Das hängt mit der unterschiedlichen Artikulationsschwierigkeit und der Reihenfolge des frühkindlichen Spracherwerbs der Laute zusammen. Die häufigsten Stammelfehler bestehen in Fehlbildungen folgender Laute: s, sch, r, k, g, ch, j, l.

Entweder als Folge des Stammelns von Einzellauten oder auch unabhängig davon werden Mitlautverbindungen (Konsonantenverbindungen) oft falsch gebildet. Es gibt in unserer Sprache zahlreiche Konsonantenverbindungen (über einhundert gegenüber etwa vierzig Einzellauten), z.B.: kl, gl, nk, dr, tr, str, qu (= kw), pfl, schw, pts, tsch usw. Die Konsonantenverbindungen sind von Aufnahmeschwierigkeiten betroffen (phonematische Differenzierungsschwäche) oder können feinmotorisch (kinästhetisch) nicht gebildet werden. Aus dem Satz „Im Fluss schwimmen kleine Frösche" wird: „Im Fuss wimmen teine Fösche."

4.2. Wort- und Satzbildungsfehler (Dysgrammatismus)

Definition: Mit Dysgrammatismus bezeichnen wir eine Sprachstörung, bei der das Kind nicht in der Lage ist, die Regeln der Wort- und Satzlehre (Grammatik) richtig anzuwenden. Das Kind spricht Wortendungen falsch und verdreht die Wortstellung im Satz. Das Kind kann seine Gedanken nicht in der Form wiedergeben, die unsere Sprachregeln vorschreiben. Aus dem Satz: „Gestern habe ich mit einem Ball gespielt" wird beim Dysgrammatiker: „Gestern Ball ich spielen."

Der Dysgrammatismus ist von sozial bedingten Satzbaufehlern (schichtspezifischer Sprachstil) oder von Regelfehlern, die z.B. in einer Fremdsprache unterlaufen, abzugrenzen. Alle Kleinkinder durchlaufen in der Sprachentwicklung eine Phase, in der sie die Satzbauregeln noch nicht verinnerlicht haben. Hält diese Entwicklungsstufe bis über das 4. Lebensjahr hinaus an, so ist sie nicht altersgemäß. Unterlaufen noch im Einschulungsalter solche Regelfehler, dass die Sprache „verschroben" oder unverständlich klingt, so liegt ein Dysgrammatismus vor. Das Kind ist entweder erheblich sprachentwicklungsverzögert oder allgemein behindert. Der Dysgrammatismus muss nicht zwingend, kann aber mit einer Intelligenzbeeinträchtigung zusammen auftreten. Bei ursächlicher Intelligenzbehinderung schweren Ausmaßes (z.B. bei geistig behinderten Kindern) finden wir den Dysgrammatismus besonders häufig.

Es ist üblich, den Dysgrammatismus nach Schweregraden einzuteilen. Bei der Beurteilung werden die Regelfehler und die Verständlichkeit der Sprache zum Maßstab gemacht. Das sagt noch nichts über die Schwere der Störung und noch weniger über mögliche Therapieerfolge aus. Für diese Einschätzung müssten wir auch das Alter des Kindes und die Entwicklung anderer Persönlichkeitsbereiche berücksichtigen. Ein mittlerer Dysgrammatismus bei einem 10-jährigen lernbehinderten Kind kann schwerwiegender sein, als ein schwerer Dysgrammatismus bei einem 4-jährigen Kind, das über eine allgemein gute Lernfähigkeit verfügt.

Aus diesem Grunde halte ich folgende Klassifizierung für besser:
1. Soziolektdysgrammatismus
2. Entwicklungsdysgrammatismus
3. Zentraler Dysgrammatismus
4. Aphasiedysgrammatismus.

In jedem Fall kann die Störung als leicht, mittel oder schwer eingeschätzt werden. Diese Beurteilung darf sich aber nicht nur auf gesprochene Satzmuster beziehen, sondern muss die gesamte Persönlichkeitsentwicklung des Kindes einbeziehen. Die folgenden Einteilungen geben die schon klassischen Definitionen wieder. (Zur Kritik daran siehe Grunwald 1982)

4.2.1. Leichter Dysgrammatismus

Vorgesprochene kurze Sätze können richtig nachgesprochen werden. Die Sprache ist noch gut verständlich, wirkt aber beim spontanen Erzählen kleinkindhaft. Die Artikel (der, die, das, ein, eine) werden oft vertauscht. Die Deklination (Beugung des Hauptwortes) und Konjugation (Beugung des Zeitwortes) sind fehlerhaft. Längere Satzmuster mit Nebensätzen werden möglichst gar nicht oder regelwidrig gebildet.

Beispiele: „Die Ball ist rot." „Ich essen ein Birne." „Wenn ich Hause kommen, ich Puppe spielen."

4.2.2. Mittlerer Dysgrammatismus

Schon das Nachsprechen von Sätzen ist nur begrenzt möglich. Es lässt sich abzählen, wie viele Wörter das Kind nacheinander sprechen kann (oft nicht mehr als fünf). Die Sprache ist für Fremde nur schwer verständlich. Bei genauem Zuhören und Nachfragen lässt sich aber noch der Sinn des Gesprochenen in Erfahrung bringen. Die Regeln der Grammatik werden kaum beachtet. Neben der falschen Satzbildung werden auch längere Wörter fehlerhaft gebildet.
Beispiel der Spontansprache: „Geter Bursag haben. Feund kommen. Viele Schenke haben. Und eine Ball und eine Puppehau. Schön sein." – („Gestern habe ich Geburtstag gehabt. Mein Freund ist gekommen. Ich habe viele Geschenke bekommen. Einen Ball und ein Puppenhaus. Das war schön.")

4.2.3. Schwerer Dysgrammatismus

Das Nachsprechen von Sätzen ist nicht mehr möglich. Anstelle eines gegliederten Satzes tritt der „Einwortsatz“ oder „Zweiwortsatz“. Auch das einzelne Wort wird verstümmelt produziert. Die Sprache ist für Fremde nur schwer zu entschlüsseln. Der oben formulierte Bericht über den Geburtstag klingt etwa so:

Beispiel: „Borta e. Feu au. Ball a. Puppe. Un Haupuppe. E feun.“ –
(Bedeutung der Sätze wie oben.)

4.2.4. Dysgrammatismus verbunden mit Stammeln

Der mittlere und der schwere Dysgrammatismus sind häufig mit Stammeln verbunden. Dysgrammatismus und Lautbildungsfehler verstärken einander. In der Therapie müssen beide Sprachfehler gleichzeitig behandelt werden.
Schwere Dysgrammatiker und Stammler weichen manchmal dem Sprechen durch Gebärden und Zeichensprache aus. Ein nachzusprechender Satz kann etwa so klingen:

Beispiel: „Der Kuchen hat mir gut geschmeckt.“ –
„Dut. Mette. Tute.“

4.3. Stottern (Dysphemie)

Definition: Mit Stottern bezeichnet man die Unfähigkeit, das ausgebildete Sprachverständnis und die mögliche Sprechfähigkeit jederzeit unabhängig von Personen und Situationen in eine flüssige Sprechweise umzusetzen. Die Sprechstörung kann sich in Laut-, Silben-, Wortwiederholungen und in Atemverspannungen und Sprechkrämpfen äußern.

4.3.1. Entwicklungsbedingtes (physiologisches) Stottern

Diese Form der Redeflussstörung ist eine entwicklungsbedingte Sprechbesonderheit des Kleinkindes. Viele Kinder durchlaufen in der Sprachentwicklung ein Stadium, in dem sie Laute oder Wörter wiederholen. Wenn ein 3-jähriges Kind etwas Wichtiges sagen will, spricht es vielleicht so:
„Ich-ich-ich möchte noch spielen.“
“Der Wa-wa – Hund hat so ge-gebellt.“
Das Kind ist aufgeregt. Es kann nicht so schnell berichten, wie es möchte. Die Wörter überschlagen sich. In anderen Fällen bauen Kinder überflüssige Redewendungen oder Wörter (Embolophrasien) in Sätze ein. Durch solche Flickwörter gewinnen sie Zeit zum Überlegen:

„Hör mal, da, na – wo ist denn mein Teddy?"
Diese Sprechbesonderheiten sind in den meisten Fällen völlig belanglos. Man sollte sie am besten gar nicht beachten. Einige Forscher vertreten die Ansicht, dass ein echtes Stottersyndrom mit dem entwicklungsbedingten Stottern beginnt. Wenn Eltern auf die Sprechbesonderheiten immer mit Ermahnungen reagieren, wie: „Sprich doch nicht so schnell" oder noch schlimmer: „Du stotterst ja", erzeugen sie im Kind Angst und verhindern die Dialogfähigkeit (das „Miteinandersprechen"). Meiner Ansicht nach darf dieser Erklärungsversuch weder verallgemeinert werden, noch stellt er ein hinreichend gesichertes Erklärungsmodell dar.

4.3.2. Wiederholungen (klonisches Stottern)

Wenn Laute oder Wörter nicht nur vorübergehend wiederholt werden (das passiert auch Nichtstotterern bei Erregung, Ermüdung oder Drogengenuss), sondern dauernd den Redefluss behindern, spricht man von ***klonischem Stottern***. Diese dem Laien bekannteste Form des Stotterns ist dem Schweregrad nach die geringste Stufe des Stottersyndroms. Die Sprechstörung besteht in regelwidrigen Wiederholungen:
Laute: „T–t–turm"
Silben: „Wir waren ba–ba–baden." (häufigste Form)
Wörter: „Ich bin–bin–bin fünf Jahre alt."

4.3.3. Sprechkrampf (tonisches Stottern)

Mit ***Tonus*** bezeichnet man eine krampfartige Körperverspannung. Wenn das stotternde Kind seine Sprechschwierigkeiten durch starke Anstrengungen zu überwinden sucht, verkrampft es sich und hat Mühe, ein Wort herauszubringen. Stellen Sie sich im folgenden Beispielsatz ein angestrengtes Pressen am Satzbeginn vor, das vielleicht noch von einem drückenden Halslaut begleitet wird:
„... Kkkkomm doch zu mir."
Die Unfähigkeit, den gewollten Laut zu erzeugen, wird durch eine Atemrhythmusstörung bedingt, welche die Stimmlippen im Kehlkopf zusammenpresst. Die Verspannung ist durch Abfühlen der Bauchdecke überprüfbar. In schweren Fällen ist das Bemühen, den Krampf zu überwinden, in körperlichen Reaktionen sichtbar, wie etwa: Hervortreten der Zunge, Augenzucken, Anschwellen der Halsschlagadern, Grimassen, Armschlagen usw.

4.3.4. Gemischtes (klonisches und tonisches) Stottern

Bei einer verfestigten Stottersymptomatik (die gibt es im Kleinkindalter, in dem gewöhnlich nur klonisches Stottern vorkommt, noch nicht) tritt oft sowohl klonisches als auch tonisches Stottern auf. Es kann dabei die eine oder die andere Form überwiegen. Beim Überwiegen der Wiederholungen spricht man von ***Tonoklonus***, beim Überwiegen der krampfartigen Verspannungen von ***Klonotonus***.

4.3.5. Kaschiertes Stottern

Ist sich der Stotterer der Auswirkungen seiner Redeflussstörungen auf seine Umwelt bewusst, wird ihm seine Sprechbesonderheit zur leidend empfundenen Behinderung. (Bei Selbstgesprächen, beim Singen, ja selbst beim lauten Lesen oder „Theaterspielen“ gibt es so gut wie kein Stottern.) Viele Stotterer nehmen an, dass sie nur manche Laute oder bestimmte Wörter nicht sprechen können. Diese „schweren“ Wörter ersetzen sie durch andere Wörter oder bauen Flickwörter davor (***Embolophrasien***). In anderen Fällen unterbrechen sie die Rede und versuchen den Eindruck zu erwecken, als müssten sie erst nachdenken. Durch Einüben solcher „Tricks“ kann es gelingen, das Stottern beim Sprechen zu verbergen.

4.3.6. Inneres Stottern

Wenn ein Stotterer beim Versuch, einen Satz zu beginnen, das Einsetzen der Stottersymptome bemerkt und dann lieber schweigt, spricht man vom ***inneren Stottern***. Der nichts ahnenden Umwelt wird dadurch das Stottern nicht bemerkbar. Bei einigen Stotterern kann der Erregungszustand vorübergehen, so dass sie danach flüssig sprechen können. Es sind aber auch Fälle bekannt, in denen Stotterer es vorgezogen haben, dauernd zu schweigen. Die Angst führt zu einem zwanghaften „freiwilligen“ Schweigen. Diese letztgenannten Fälle sind äußerst selten.

4.3.7. Stotterähnliche Redeflussstörungen

Der Vollständigkeit halber soll noch erwähnt werden, dass stotterähnliche Redeflussstörungen (z.B. Silbenwiederholungen) auch bei der Natur nach anderen Sprachstörungen auftreten können, so etwa bei Lähmungen des Sprechapparates nach bestimmten Hirnverletzungen. Diese Redeflussstörungen grenzen wir vom Stottersyndrom ab.

4.4. Poltern (Tachyphemie)

Definition: Mit Poltern bezeichnet man eine unnatürlich überhastete Sprechweise, bei der Wortendungen, Wörter oder ganze Satzteile nicht ausgesprochen werden. Zusätzlich werden in der Spontansprache Laute ungenau gesprochen (artikuliert), so dass auffallende Verständnisschwierigkeiten zu verzeichnen sind.

Wortbeispiel: „tefonieren“ – „telefonieren“
Satzbeispiel: „Alsich ges Fersen, daham de mr das eifa vrboten.“ – „Meine Eltern haben mir gestern das Fernsehen verboten.“

Manchmal wird zur Unterscheidung von Stottern und Poltern folgendes Beispiel gegeben: Ein Stotterer kann vielleicht mit einer vertrauten Person symptomfrei sprechen – er stottert aber beim Gespräch mit einem Vorgesetzten.

Der Polterer spricht mit dem Vorgesetzten nicht überhastet – dagegen lässt er seinem Redefluss bei vertrauten Personen freien Lauf und poltert. Da Eltern sich an die Sprechweise des Kindes gewöhnt haben, fällt ihnen das Poltern in vielen Fällen nicht auf.
Es ist zu beachten, dass besonders im Kleinkindalter Poltern gemeinsam mit Stottern auftreten kann. Diesen Zustand bezeichnet man als ***Polter-Stottern*** oder ***Stotter-Poltern***.
Beim Poltern reagiert die Sprechmotorik langsamer als die gedachte Innensprache, beim Stottern kann man wegen des Auseinanderfallens (***Asynchronisation***) von Atmung, Stimmgebung und Lautbildung (***Exspiration, Phonation und Artikulation***) nicht fließend sprechen.

4.5. Näseln (Rhinolalie)

Definition: Am Stimmklang und der lautgetreuen Bildung von Lauten und Wörtern ist auch der Nasenrachenraum beteiligt. Die Veränderung des Stimmklangs im Nasenrachenraum nennt man Nasalität. Näseln besteht in einer zu geringen oder zu starken Nasalität.

4.5.1. Geschlossenes Näseln (Rhinolalia clausa)

Beim geschlossenen Näseln ist die Nasalität zu gering. Der Luftstrom wird beim Sprechen nur abgeschwächt oder überhaupt nicht durch den Nasenraum geführt. Die betroffenen Personen atmen fast nur durch den Mund. Da wir bei den drei Nasallauten n, m und ng den Luftstrom durch die Nase leiten müssen, werden zuerst diese Laute falsch gebildet. Der Nasenrachenraum ist zusätzlich für den gesamten Sprechklang von Bedeutung. Beim geschlossenen Näseln klingt daher die gesamte Sprache dumpf und verschnupft (so genannte „Stockschnupfensprache“).
Die Ursache des geschlossenen Näselns ist entweder organisch oder durch falsche Sprechgewohnheiten bedingt. Bei starkem Schnupfen leidet jeder unter dieser Sprechstörung. Die häufigste Ursache sind vergrößerte Rachenmandeln oder Wucherungen im Nasenraum. Nach operativem Eingriff verbleibt zumeist die fehlerhafte Sprechweise aufgrund der eingeschliffenen Gewohnheit. Das geschlossene Näseln kann aber auch ohne organischen Hintergrund auftreten.

4.5.2. Offenes Näseln (Rhinolalia aperta)

1. Offenes Näseln ohne Gaumenspalte

Beim offenen Näseln ist die Nasalität zu stark. Der notwendige Verschluss zum Nasenrachenraum ist gestört. Beim Sprechen wird die Luft anstatt durch den Mund durch die Nase geleitet. Neben den s-Lauten werden besonders die Explosivlaute p/b, t/d und k/g falsch gebildet. Die gesamte Sprache klingt verwaschen und undeutlich. Auch die Vokale klingen nicht klar. Um ein offenes Näseln von anderen Formen des Näselns zu unterscheiden, kann man die so genannte

„a-i-Probe“ anwenden. Diese Probe beruht auf folgender Beobachtung: Wenn wir uns beim Sprechen die Nase zuhalten, klingt unsere Sprache undeutlich. Die Laute a und i verändern sich bei zugehaltener Nase nicht wesentlich. Anders ist es bei einem Kind mit offenem Näseln. Lässt man solch ein Kind erst mit offener und dann mit zugehaltener Nase „a – i“ sprechen, so klingt das a jedes Mal fast gleich, das i dagegen klingt bei zugehaltener Nase verwaschen.
Die ***Ursachen*** des offenen Näselns können sein:

angeborener verkürzter weicher Gaumen oder Zäpfchen,
Lähmungen des Gaumens,
Verletzungen im Bereich des Gaumens,
vorübergehende Stimmbildungsangst nach Rachenmandeloperation oder falsche Sprechgewohnheiten aufgrund von Nachahmung.

2. Offenes Näseln bei Gaumenspalten (Palatolalie)

Das offene Näseln tritt bei Gaumenspalten immer auf. Die Gaumenspalte beruht auf einer angeborenen Schädigung, die sich schon in den ersten Schwangerschaftswochen ausprägt. Zur so genannten Spaltbildung kommt es, wenn Teile des Oberkieferbereichs nicht zusammenwachsen. Eine Spalte im vorderen Oberkiefer und der Oberlippe bis in eine Nasenöffnung nennt man ***Lippen-Kiefer-Spalte***. Diese Spalten können heute schon im ersten Lebensjahr erfolgreich operativ geschlossen werden. Spalten im harten und weichen Gaumen nennt man ***Gaumen-Spalten***. Die Verbindung von allen Spaltbildungen nennt man ***Lippen-Kiefer-Gaumen-Spalte (kurz: L-K-G-Spalte)***. Die Gaumenspalten können nicht so früh operativ behandelt werden (nach unterschiedlicher klinischer Meinung vom 4. bis zum 8. Lebensjahr). Die Spaltbildungen sind zu einem gewissen Prozentsatz vererbt.
Bei einer Gaumenspalte kann zum Nasenraum nicht der erforderliche Verschluss zum Mundraum gebildet werden. Beim Sprechen strömt daher ein zu großer Anteil der Atemsprechluft durch die Nase. Das führt zum offenen Näseln. Bei großen Gaumenspalten kann die Sprache ganz unverständlich sein.
Die Gaumenspalte kann neben dem offenen Näseln weitere Sprachstörungen verursachen. Viele Kinder mit L-K-G-Spalte lernen wegen der Organbehinderung später sprechen als andere Kinder. Oftmals versuchen die Kinder, die erschwerte Sprechfähigkeit in besonderer Weise zu überwinden. So ist zu beobachten, dass manche Kinder den Zungenrücken gegen den Gaumen drücken, um den Nasendurchgang der Luft zu verhindern. Dabei entstehen Kehllaute, die die Sprache noch mehr stören. Es ist daher wichtig, bei Kindern mit Gaumenspalten schon ***vor*** der operativen Spaltschließung mit der Sprachtherapie zu beginnen. Diese wird schon wenige Wochen nach dem Eingriff fortgesetzt.

4.5.3. Gemischtes Näseln (Rhinolalia mixta)

Wenn offenes und geschlossenes Näseln gleichzeitig auftreten, spricht man vom gemischten Näseln. Dabei kann eine Form überwiegen, so dass die andere Form nur dem Fachmann auffällt.

4.6. Besondere Formen von Sprachstörungen

4.6.1. Agnosie

Die ***akustische Agnosie*** (besser wäre als Fachausdruck: auditive Agnosie) ist eine zentral bedingte Hörstörung. Sie besteht in dem Unvermögen, Klangbilder zu deuten und sie der Lautquelle zuzuordnen. Bei der ***verbalen akustischen Agnosie*** (Worttaubheit) kann sich das Kind den Aufbau von Wörtern nicht einprägen und somit auch nicht sprechen. Bei der Diagnose muss eine organische Hörschädigung ausgeschlossen werden. Es ist oft schwierig, die akustische Agnosie von anderen Behinderungen (Aphasie, geistige Behinderung) abzugrenzen.

4.6.2. Aphasie

Aphasie ist ein vorübergehender oder dauernder teilweiser oder totaler Verlust der Sprache aufgrund einer Hirnschädigung (z.B.: Unfallfolgen, Tumore, Schlaganfälle usw.). Wenn die Hirnschädigung während der Sprachentwicklung eintrat, sprechen wir von einer ***Entwicklungsaphasie***. Diese Form der schweren Sprachentwicklungsbehinderung ist manchmal nur schwer von anderen Behinderungen (Agnosie, Apraxie, geistiger Behinderung) zu unterscheiden. Häufig wirken sich Aphasien auf Teilbereiche des Sprachvermögens unterschiedlich schwer aus. So ist in bestimmten Fällen vornehmlich die Sprachaufnahme betroffen (***sensorische Aphasie***) oder die Erinnerung an die Wortbilder (***amnestische Aphasie***) oder die Sprechfähigkeit (***motorische Aphasie***). Auch spät eintretende Aphasien können für den Aphasiker derartige psychische Belastungen bedeuten, dass sie zu schwerwiegenden Persönlichkeitsveränderungen führen.

4.6.3. Apraxie

Bei der ***verbalen Apraxie*** kann sich das Kind die Lautbewegungsmuster für das Sprechen von Wörtern nicht einprägen und somit auch nicht produzieren. Das Kind versteht also die Sprache, möchte auch sprechen, bringt aber nur wenige Wörter richtig hervor. Als Ursache der Störung wird eine Form frühkindlicher Hirnstörung angenommen. Leichtere Formen der verbalen Apraxie sind vom schweren Dysgrammatismus und universellen Stammeln abzugrenzen.

4.6.4. Autismus

Mit ***Autismus*** bezeichnet man eine Behinderung, bei der neben zahlreichen anderen Bereichen auch die Sprachentwicklung schwer gestört ist. Autistische Kinder fallen zuerst durch ihre ungewöhnlichen Verhaltensweisen auf, etwa durch Angst vor unbekannten Räumen und Personen, zielloses Umherirren, Schaukel- und Drehbewegungen, zwanghafte Wiederholungen, Sammeln und Hantieren mit unbedeutenden Gegenständen, Kontaktlosigkeit und Vereinsamung. Sie scheinen in einem Käfig seelischer Zwänge gefangen, den weder sie selbst noch ihre Mitmenschen öffnen können. In extremen Fällen ist weder Sprachverständnis noch Sprechfähigkeit vorhanden. Es werden nur unartikulierte Laute ausgestoßen. Bei Besserung des Zustandes sind oft folgende Sprachauffälligkeiten zu beobachten: Echolalie, Ich-Du-Verwechslung, Wortneubildungen, Wortsalat, Artikulationsfehler, Sprechscheu, Sprechangst. Bis vor einigen Jahren wurden autistische Kinder nur in psychiatrischen Kliniken und Einrichtungen für geistig Behinderte betreut. Heute gibt es in einigen Städten besondere Therapiezentren für diese Kinder. Die Ursachen des Autismus werden weltweit intensiv erforscht, sind aber noch nicht eindeutig geklärt.

4.6.5. Dysarthrie

Dysarthrie nennt man eine hirnorganisch bedingte Störung der Sprache, die im Zusammenhang mit cerebralen Bewegungsstörungen auftritt. Früher sprach man von Spastikern, heute unterscheidet man unterschiedliche Formen dieser Behinderung. Bei der Dysarthrie ist immer das gesamte Sprachvermögen betroffen. Je nach Art der Bewegungsstörung kommt es zu krampfartigen Mitbewegungen des Körpers, zu Speichelfluss, zu abgehackten, unrhythmischen, pressenden Sprechversuchen. Kann das Kind kein Wort hervorbringen, spricht man von ***Anarthrie***. Häufiger sind die leichteren Formen der Dysarthrie. Neben der Unfähigkeit, längere Sätze in einem Fluss zu sprechen, sind weitere Störungen, wie Näseln und Sprachentwicklungsverzögerung um mehrere Jahre, möglich. Dysarthrien unterscheiden sich als komplexe Behinderung deutlich von Sprachstörungen wie Stammeln oder Stottern.

4.6.6. Hörstörungen

Ist das Gehör nur teilweise geschädigt, spricht man von ***Schwerhörigkeit***. Die Schädigung kann unterschiedliche Bereiche betreffen und somit verschiedene Wirkungen hervorrufen. Man unterscheidet Schallleitungsstörungen (äußere Hörorgane: Hörverlust der tiefen Töne), Schallempfindungsstörungen (innere Hörorgane und Hörnerven – Hörverlust der hohen Töne) und zentrale Hörstörungen (z.B. akustische Agnosie). Die angeborene oder frühkindlich erworbene ***Gehörlosigkeit*** kann mit Stummheit verbunden sein, da das Kind die Sprache der Mitmenschen nicht hört und nicht nachahmend erlernt. Daher sprach man früher von „Taubstummheit". Dieser Begriff wird heute nicht mehr verwendet. Gehörlose Kinder sind ja nicht stumm, sie lernen nur nicht von sich aus sprechen. Die meisten der so genannten „taubstummen" Kinder sind auch nicht total taub. Sie verfügen über sehr minimale oder schwache Hörreste, die durch Hörgeräte verstärkt werden können.

4.6.7. Legasthenie (LRS)

Der Begriff ***Legasthenie*** wird gemeinhin für normal intelligente Kinder gebraucht, die Schwierigkeiten beim Erlernen der Schriftsprache haben. Der Begriff Legasthenie erfasst genau genommen nur die Lesefertigkeit (lateinisch: legere – lesen, griechisch: asthenos – schwach, krank). Isoliertes Leseversagen heißt streng genommen ***Dyslexie***, isoliertes Rechtschreibversagen ***Dysgraphie***. Aus diesem Grunde verwendet man den umfassenden Begriff ***Lese-Rechtschreibschwäche*** (LRS). Über die Ursachen der LRS gibt es unter Fachleuten erhebliche Meinungsverschiedenheiten. Die LRS tritt oft im Zusammenhang mit leichten Sprachstörungen auf. Dazu gehören verspätete Sprachentwicklung, Artikulationsstörungen und sensomotorische Störungen (phonematische und optische Differenzierungsschwächen).

4.6.8. Mutismus

Mutismus nennt man ein durch psychische Ursachen bedingtes Schweigen („freiwilliges Schweigen"). Durch Schockerlebnisse oder andere ungünstige Umwelteinflüsse verliert das Kind die Fähigkeit zu sprechen. Insofern schweigt es nicht freiwillig, sondern infolge eines starken inneren Zwanges. Manchmal bezieht sich das Schweigen nur auf bestimmte Personen (***elektiver Mutismus***). Ein ***Scheinmutismus (Surdomutismus)*** kann bei krankhaft hysterischen Personen auftreten. Ein Kind kann in manchen Fällen über mehrere Jahre auf dem Schweigen beharren. Tritt der Mutismus in einer sehr frühen Phase der kleinkindlichen Sprachentwicklung auf, kann er zu Entwicklungsstörungen führen, die nur schwer von anderen Behinderungen zu unterscheiden sind.

4.6.9. Stimmstörungen

Unter diesem Punkt erklären wir zusammenfassend einige Begriffe, die bei Kindern häufig vorkommende Störungen der Sprechstimme beschreiben:

1. ***Aphonie*** nennt man den Verlust der Sprechstimme ohne Sprachverlust. Das Kind kann nicht mehr laut sprechen, sondern nur noch flüstern.

2. ***Dysphonie*** ist eine heisere, gepresste Stimmgebung, die durch Verkrampfungen der Atmungs- und Stimmmuskulatur hervorgerufen wird. Der Versuch, deutlicher zu sprechen, führt zu noch stärkeren Verkrampfungen und größerer Heiserkeit. Die Ursachen sind bei Kindern falscher Stimmgebrauch oder psychischer Natur.

3. ***Phonasthenie*** ist eine Stimmstörung, die sich als schnelle Ermüdbarkeit der Stimme äußert. Die davon Betroffenen versuchen durch lautes Sprechen ihren Zustand zu verbessern. Sie verstärken dadurch aber nur ihre Atmungs- und Stimmgebungsfehler.

4. ***Heiserkeit***. Eine heiser klingende Stimme kann ihre Ursache in vorübergehenden oder lang andauernden Entzündungsprozessen im Kehlkopfbereich (akute oder chronische Laryngitis) haben.

5. ***Mutationsfistelstimme*** nennt man die unnatürlich hohe Stimmlage bei Jungen nach dem Stimmwechsel. Diese Jungen verfügen eigentlich schon über die Männerstimme. Sie versuchen aber mit der Kinderstimme zu sprechen und verfallen dabei in eine hohe Fistelstimme.

6. ***Stimmlippenknötchen*** sind Entzündungen und Verdickungen auf den Stimmbändern. Sie entstehen durch falschen Stimmgebrauch. Nach operativer Entfernung entstehen sie bei weiterhin falscher Stimmgebung aufs Neue. Die Stimme klingt rau, heiser und zu laut.

4.7. Sprechangst (Logophobie)

Die Sprechangst (***Logophobie***) gehört nicht zu den Sprachstörungen im engeren Sinne. Als sprechängstlich bezeichnet man solche Personen, die prinzipiell über die Fähigkeit zur mündlichen Gesprächsführung voll verfügen, die sich aber scheuen, in der Öffentlichkeit zu sprechen oder mit fremden Personen Gespräche anzuknüpfen. Legt man amerikanische Forschungen zugrunde, so nehmen etwa 50% aller eigentlich nicht sprachgestörten Personen an mündlichen Gesprächen in der Öffentlichkeit nicht teil. Diese Schweigsamkeit wird von den Betroffenen als belastend empfunden. Sie wird daher auch als „unfreiwilliges Schweigen“ oder „Nicht-Reden-Können“ bezeichnet. (Das Gegenstück der Sprechangst ist eine unnatürliche Geschwätzigkeit (***Logorrhoe***), ein „Immer-Reden-Müssen“.)
Die Ursache für die Sprechangst wird in einer entwicklungsbedingten Angst gesehen. Als Therapie wird ein Sprechfähigkeitstraining (***Rhetoriotherapie***) vorgeschlagen.

TEIL II

Praktische Übungshinweise

5. Anbahnung des Sprachverständnisses und der Sprechfähigkeit in einem umfassenden Förderprogramm

5.1. Förderung der allgemeinen Lernfähigkeit

Kinder durchlaufen in ihrer Entwicklung viele Lernstufen. Diese Lernstufen stehen in einer derartigen Beziehung zueinander, dass in vielen Fällen ein Lernschritt erst möglich wird, wenn ein dafür notwendigerweise vorhergehender beherrscht wird. Das Lernen vollzieht sich in einem gestuften (hierarchischen) System. Die allgemeine Lernfähigkeit des Kindes ist abhängig vom Lebensalter, von der Veranlagung (z.B. normal entwickelt oder entwicklungsbehindert) und nicht zuletzt von den umweltbezogenen Lernangeboten.
Es ist wichtig, den Entwicklungsstand der Lernfähigkeit des Kindes richtig einzuschätzen. Zieht man als Maßstab nur das Lebensalter in Betracht, werden in der Intelligenzentwicklung verzögerte Kinder ständig überfordert und verunsichert. Falsch ist es auch, notwendige Lernschritte einfach überspringen zu wollen. Wenn man etwa ein Kind immer wieder die Zahlen bis 10 auswendig lernen lässt, ohne dass es überhaupt eine Mengenvorstellung hat, lernt das Kind dabei gar nichts.
In der folgenden Liste sind einige wichtige Grundfähigkeiten aufgeführt, die für das elementare Lernen des Vorschulkindes von Bedeutung sind:

- ☐ ***Unterscheiden von Größen***
  „Der Tisch ist groß – der Tisch ist klein."
  „Der Strich ist lang – der Strich ist kurz."
- ☐ ***Unterscheiden von Formen***
  „Der Ball ist rund – der Stein ist eckig."
  „Das Plättchen ist rund – das Plättchen ist dreieckig."
- ☐ ***Unterscheiden von Oberflächen***
  „Das Glas ist glatt – das Sandpapier ist rau."
- ☐ ***Unterscheiden von Farben***
  Die Farbe der Kleidungsstücke, von Wohnungsgegenständen und dann von Mengenplättchen immer wieder bestimmen. Es reicht, wenn folgende Farben erkannt werden: weiß, schwarz, rot, grün, blau, gelb.
- ☐ ***Unterscheiden von Mengen ohne Zahlen***
  „In der Tasse ist viel Milch – in der Tasse ist wenig Milch."
  „Da sind mehr Bausteine – da sind weniger Bausteine."
- ☐ ***Einordnen***
  „Alle Löffel gehören in das Fach – alle Gabeln in das Fach."
  Entsprechend ordnet das Kind Bildkarten und Mengensteine nach dem Lernspiel selbst in den Kasten ein.

- ☐ ***Ordnen nach einer logischen Regel***
  „In den Kasten legen wir alle großen, in den Kasten legen wir alle kleinen Plättchen." (Ebenso: alle runden – alle eckigen; alle glatten – alle rauen usw.)
- ☐ ***Ordnen nach zwei logischen Regeln***
  „In den Kasten legen wir nur die großen runden, in den Kasten legen wir nur die kleinen eckigen Plättchen."
- ☐ ***Gruppenbildung aus der anschaulichen Umwelt***
  Tiere sind: Hunde, Katzen, Pferde ...
  Pflanzen sind: Bäume, Blumen ...
  (Spielfiguren werden nach gemeinsamen Merkmalen in Kästen geordnet.)
- ☐ ***Oberbegriffe erkennen***
  Alle Haustiere – alle Zootiere einordnen.
  Alle Speisen – alle Getränke unterscheiden.
- ☐ ***Kleine Mengen mit Zahlenwerten erfassen***
  „Das sind zwei Kinder – das sind drei Kinder."
- ☐ ***Reihenbildung***
  Mit Mengenplättchen, Bausteinen oder Stäbchen lassen sich zahlreiche Lernprobleme durch das Legen von logischen Reihen veranschaulichen. Sie beginnen eine Reihe und üben mit dem Kind, wie die Reihe richtig weitergebaut werden muss:
  a) groß – klein – groß – klein ...
  b) rund – viereckig – rund – viereckig ...
  c) glatt – rau – glatt – rau ...
  d) rot – blau – rot – blau ...
  e) dick – dünn – dick – dünn ...
  f) leicht – schwer – leicht – schwer ...
  g) (zwei Eigenschaften): groß/rund – klein/viereckig ...
  h) Vogel – Fisch – Vogel – Fisch ...
  i) Haustier – Zootier – Haustier – Zootier ... usw.

5.2. Förderung der Motorik

Die Verbesserung einer schlecht entwickelten Motorik wird von Krankengymnastinnen und Bewegungs- oder Beschäftigungstherapeuten durchgeführt. Für die Elternmitarbeit sind verschiedene Programme im Handel erhältlich.
Ich begnüge mich hier mit einigen wenigen Übungsbeispielen. Sofern Ihr Kind im motorischen Bereich entwicklungsverzögert ist, sollten Sie sich unbedingt weiter gehend informieren.

- ☐ ***Körpererfahrung***
  Lassen Sie Ihr Kind die verschiedensten Körperteile zuerst am eigenen, dann an Ihrem Körper zeigen. Üben Sie darauf aufbauend die Begriffe „links" und „rechts":

„Strecke den rechten Arm aus.“
„Hebe das linke Bein an.“ usw.

- ☐ **Körperkoordination (Zusammenspiel von Bewegungen)**
  Hüpfen auf dem linken (rechten) Bein.
  Mit beiden Beinen gleichzeitig springen (Schlusssprung).
  Hinknien und aufstehen, ohne mit den Händen den Boden zu berühren.
  Von einem Stuhl springen und stehen.
  Bei geschlossenen Augen die Nase mit dem Zeigefinger berühren.

- ☐ ***Gleichgewicht***
  Längere Zeit auf einem Bein stehen (dasselbe mit geschlossenen Augen).
  Auf den Zehenspitzen stehen (dasselbe mit geschlossenen Augen).
  Rückwärts gehen. Fußspitze immer an die Ferse setzen.
  Einen vollen Becher tragen.
  Einen Stab senkrecht auf der Handfläche balancieren.

- ☐ ***Rhythmus***
  Singen und dabei dem Partner in die Hände klatschen. Beim Singen eine Trommel (Kochtopf) schlagen.
  „Hampelmannlied“ singen und tanzen.
  Gleichzeitig mit einer Hand auf den Tisch und mit dem Fuß derselben Seite auf den Boden klopfen.
  Einen Takt (wie Morsezeichen) vorklatschen und dann nachklatschen lassen, etwa: (. ist kurz, – ist lang)
  . . . – – . . . . – . . . . – . – . – – – . – .

- ☐ ***Handmotorik***
  Dreiecke, Quadrate, Kreise mit Schere ausschneiden lassen. Mit Knetmasse oder Ton Formen kneten.
  Mit dem Daumen nacheinander alle Fingerspitzen berühren.
  (Dasselbe mit beiden Händen gleichzeitig. Dann mit geschlossenen Augen.)
  Handfläche geschlossen halten. Dann in verschiedener Weise Finger abspreizen.
  Perlen auffädeln, Steckbretter stecken. Mit Handwerkzeugen arbeiten. Malen und Zeichnen mit den verschiedensten Materialien.

- ☐ ***Sprechmotorik***
  Über die grobe und die feine Motorik des gesamten Körpers werden die feinen Bewegungen der Sprechorgane direkt oder indirekt beeinflusst. Wegen der speziellen Bedeutung der Motorik der Sprechorgane wollen wir diesem Gebiet im folgenden Kapitel ausführlicher begegnen. Die sprechorganischen Übungen stellen für die Behandlung mancher Sprachstörungen (etwa Lautbildungsfehler oder Näseln) wichtige Vorübungen dar.

5.3. Förderung der Motorik der Sprechorgane

Die Einübung neuer Bewegungsmuster der Sprechorgane muss einfühlsam, rücksichtsvoll und mit viel Geduld erfolgen. Alle Übungen werden grundsätzlich

vorgemacht. Das kann auch vor einem großen Spiegel erfolgen. Am besten ist es, wenn man die Übungen in spielerischer Form durchführt. Zwang oder abwertende Bemerkungen zerstören die Lernbereitschaft (***Motivation***) des Kindes. Als ermutigend bieten sich auch folgende Aufforderungen an.
„Schau mal, was ich mache. Kannst du das auch?" „Wer kann so machen wie ich? Willst du es mal versuchen?"
Falls das Kind die Nachahmung vergeblich versucht, wird es dennoch für seine Bemühung gelobt.

5.3.1. Mimische Übungen

Um die Bereitschaft für andere sprechorganische Übungen zu wecken, kann man mit Gesichtsausdrücken (***Mimik***) beginnen. Kinder finden das lustig und bemerken gar nicht den Übergang zu speziellen Übungen.

Beispiele:
Augen auf- und zumachen.
Augenbrauen hochziehen.
Klimpern mit den Augenlidern.
Nett gucken.
Böse gucken.
Augen bewegen, ohne den Kopf zu bewegen.
Nasenflügel bewegen.

5.3.2. Atemübungen

Puste- und Blaseübungen: brennende Kerze auspusten; Wattekugeln über den Tisch pusten; Feder am Faden aufgehängt wegpusten; Spiegel behauchen; Tennisball in ein Tor pusten; Tintenklecks auf Papier verblasen; mit Strohhalm in Seifenwasser blasen; Schiffe übers Wasser blasen; Pfeile aus Rohren blasen; Luftballons aufblasen; Luftschlangen blasen; auf einem Kamm blasen; kleine Instrumente (Flöten, Karussellpfeife, Lassopfeife, Trillerpfeife usw.) blasen.

Gezieltes Pusten: Mehrere Tennisbälle in einer Reihe auf den Tisch legen. Nur einen bestimmten wegpusten. Tennisball in ein Ziel pusten.

Wangen aufpusten und darauf klopfen.

Wangen abwechselnd aufpusten und einziehen: „Jetzt bin ich dick – jetzt bin ich dünn."

Tief einatmen und die Luft lange anhalten.

Einatmen – Luft anhalten – ausatmen – einatmen ... usw.

Einen Laut (Selbstlaute oder m, l, r, s, sch) lange aushalten.

Einatmen durch den Mund – ausatmen durch die Nase.
Einatmen durch die Nase – ausatmen durch den Mund.

Arme seitlich ausstrecken und einatmen. Dann Arme vor der Brust zusammenschlagen, den Oberkörper nach unten sacken lassen und ausatmen.

Auf dem Rücken liegend total entspannen (wie beim Schlafen). Hände locker auf den Bauch legen und bei geschlossenen Augen den Atemvorgang fühlen.

5.3.3. Lippenübungen

Auf den Lippen kauen.
Oberlippe auf die Unterlippe, Unterlippe auf die Oberlippe legen.
Strohhalm mit den Lippen vom Tisch aufheben.
Strohhalm oder Bleistift zwischen den Lippen halten und damit auf Bilder zeigen.
Nach beiden Selten einen schiefen Mund machen.
Mit den Lippen einen Rüsselmund (Schnute, o-Mund) bilden.
Mit der Hand die locker aufeinander liegenden Lippen schnell bewegen und dabei das „Kutscher-brrr“ lautieren.
Strohhalm oder Bleistift zwischen Oberlippe und Nase festhalten. Dabei den Kopf bewegen.

5.3.4. Kieferübungen

Den Mund möglichst weit öffnen („Löwenmaul“).
Schneidezähne sichtbar aufeinander stellen.
Mit den Zähnen klappern.
Unterkiefer seitwärts hin- und herbewegen.
Unterkiefer nach vorne schieben, dann zurückziehen.
Kauen und dabei sprechen.
Korken zwischen den Zähnen halten und sprechen. Unterkiefer auf die Tischkante legen und dann den Mund weit öffnen.

5.3.5. Zungenübungen

Zähne mit der Zunge „putzen“.
Bei geöffnetem Mund die Lippen mit der Zunge kreisförmig umfahren.
Zunge lang herausstrecken, ohne die Lippen zu berühren.
Mit der Zunge die Wangen zuerst links, dann rechts herausdrücken.
Mit der Zunge Nase und Kinn zu berühren versuchen.
Die Zunge von Mundwinkel zu Mundwinkel schnellen lassen.
Die Zunge von oben nach unten schnellen lassen. Dabei „la-la-la“ sprechen.
Mit der Zunge Geräusche erzeugen: Schnalzen, Knallen, Zischen.
Mit den Eckzähnen auf den breiten Zungenrand beißen.
Die Zungenränder zur Mitte hochrollen. (Zuerst in die Zungenmitte einen Bleistift oder Strohhalm legen.)
Die Zunge an den unteren Zahndamm legen. Dann versuchen, eine kleine Rille in der Zungenmitte zu bilden.

5.3.6. Gaumensegel- und Kehlkopfübungen

(Gaumensegel heißt der hintere weiche Teil des Gaumens mit dem Zäpfchen.)

Laut gähnen.
Den Mund weit öffnen und beobachten, was dabei das Zäpfchen macht. (Es führt verschiedene Bewegungen aus.)
Lachen auf Vokale: „ha-ha-ha", „he-he-he" usw. Lachen und dabei sprechen.
Beide Arme kräftig nach vorne stoßen und Silben mit Betonung des Endvokals rufen: „aha", „aho", „ahu" usw.
Einen kräftigen Boxhieb ausüben und dabei laut „k–o!" rufen.
Mit einer Feder am Gaumen kitzeln (nur wenn es dem Kind gefällt).
Mit Wasser gurgeln.
Sprechbewegungen mit der Hand gegenseitig abtasten.
Stimmlosigkeit und Stimmhaftigkeit am eigenen Körper und gegenseitig abtasten. (Zur Stimmlosigkeit und Stimmhaftigkeit siehe S. 60.)

5.4. Hörerziehung

- ☐ Das Kind schließt die Augen (wenn es keine Angst hat, setzen Sie ihm eine Papiertüte auf oder verbinden ihm die Augen mit einem Schal). Sie führen verschiedene Tätigkeiten im Raum aus: Tür öffnen, Fenster öffnen, Tisch schieben usw. Das Kind errät Ihre Tätigkeit.
- ☐ Legen Sie verschiedene Gegenstande unter einen Tisch: Kochtopf, Plastikeimer, Holzschale, Flasche usw. Sie klopfen mit einem Kochlöffel auf einen Gegenstand und lassen ihn dann vom Kind erraten.
- ☐ Unter einer Decke liegen „Raschelgegenstände": Zeitungspapier, Pergamentpapier, Aluminiumfolie. Sie rascheln mit einem Gegenstand und lassen ihn erraten.
- ☐ Eine besondere Form des Blindekuhspiels. Das Kind hat die Augen verbunden. Sie stellen sich neben das Kind und rollen eine mit Reis gefüllte Dose in irgendeine Richtung. Das Kind muss die Dose finden.
- ☐ Füllen Sie leere Milchdosen mit verschiedenen Materialien: Reis, Erbsen, Steine, Büroklammern. Malen Sie zusätzlich die Dosen mit verschiedenen Farben an. Das Kind muss wegsehen und sagen, mit welcher Dose Sie geklappert haben.
- ☐ Vermischen Sie eine Anzahl von Dosen, die mit Reiskörnern gefüllt sind, mit leeren Dosen. Das Kind soll einen „lauten" und einen „leisen" Turm bauen.
- ☐ Sie spielen von einem Tonband Musik ab. Die Kinder laufen im Kreis. Wenn Sie die Musik plötzlich ausschalten, müssen alle stehen bleiben. Wer sich noch bewegt, scheidet aus.

- ☐ Alle Kinder gehen im Kreis. Wenn Sie auf einer Blockflöte einen tiefen Ton blasen, müssen alle stehen bleiben, wenn Sie einen hohen Ton blasen, müssen sich alle hinsetzen.
- ☐ „Mäuschenspiel": Ein Kind ist die Maus. Die anderen sind die Katzen und haben die Augen verbunden. Die Katzen rufen: „Mäuschen, sag mal piep!" Wer die Maus zuerst gefunden hat, ist das nächste Mal Maus.
- ☐ Alle Kinder sitzen im Kreis. Ein Kind wird mit verbundenen Augen in den Kreis gestellt. Es stellt sich vor irgendein Kind und sagt: „Wie heißt du?" Das andere Kind verstellt seine Stimme und sagt einen falschen Namen. Wenn das Kind erraten wird, muss es selbst in den Kreis.
- ☐ Sie spielen mit einem einfachen Musikinstrument tiefe und hohe, kurze und lange Töne. Das Kind malt die Töne mit Fingerfarben oder Wachsmalstiften auf große Papierbögen. Es erfindet dabei Zeichen für die Töne.
- ☐ Nehmen Sie unterschiedliche Geräusche (Wasserhahn, Staubsauger, Tierlaute, Straßenverkehrsgeräusche, Stimmen von Familienmitgliedern) auf ein Tonband auf. Das Kind soll die Geräusche, Töne und Stimmen erkennen.
- ☐ Legen Sie Ihrem Kind nacheinander Wortbildkarten vor und sprechen Sie dabei manchmal einen falschen Begriff. Das Kind wird Sie lachend berichtigen.
- ☐ Zeigen Sie Ihrem Kind gleichzeitig zwei Bilder mit ähnlich klingenden Wörtern. Sie sprechen aber nur einen Begriff. Das Kind soll das richtige Bild zeigen.

  Beispiele:

Kanne	–	Tanne	Kasse	–	Tasse
Bank	–	Band	Kreis	–	Greis
Tasse	–	Tasche	Schiff	–	Fisch
Spule	–	Schule	Kragen	–	tragen
Zunge	–	Zange	Kirche	–	Kirsche usw.

5.5. Förderung des Sprachverständnisses

Sprachverständnis – also das Begreifen, dass mit einem bestimmten Wort oder Satz ein Ding, ein Zustand oder eine Tätigkeit benannt wird – ist die Voraussetzung für die eigene Sprechfähigkeit. Normalerweise erlernen Kinder diese Zusammenhänge schon sehr früh. Auch bei der Mehrzahl der Kinder mit Sprachstörungen ist das Sprachverständnis gut entwickelt. Probleme haben dagegen Kinder mit besonderen Formen von Sprachstörungen, wie Entwicklungsaphasie, Worttaubheit (akustische Agnosie), erheblich hörbehinderte Kinder und geistig behinderte Kinder. Die folgenden Ausführungen richten sich also nur an einen begrenzten Personenkreis. Es ist selbstverständlich, dass Eltern dieser mehrfachbehinderten Kinder ganz speziell von Fachtherapeuten beraten werden müssen. Die hier gegebenen Übungsbeispiele können nicht mehr als eine Anregung sein.

A. Schulze hat in seiner empfehlenswerten Schrift „Sprachanbildung und Hörsprecherziehung bei geistig Behinderten" viele gute Anregungen zusammengestellt. Aus seiner Liste von Forderungen, die Eltern und Erzieher beachten sollten, wollen wir einige (mit leichter Abwandlung) hervorheben:

Sprechen Sie mit dem Kind immer langsam, deutlich und möglichst natürlich.

Unterrichten Sie die anderen Familienmitglieder und Personen, mit denen das Kind zusammenkommt, über diese besondere Verhaltensweise.

Sprechen Sie mit deutlicher, aber auch nicht übertriebener Mundbewegung.

Verwenden Sie in wiederkehrenden und gleichen Situationen immer dieselben einfachen Wörter und kurze Sätze.

Stoßen Sie das Kind nicht an, wenn Sie mit ihm sprechen wollen. Sprechen Sie nicht mit den Händen, sondern mit dem Mund. Andernfalls besteht die Gefahr, dass das Kind sich auch durch Zeichen verständigen will. Das Kind soll lernen, bei einmaligem Sprechen eines Wortes zu reagieren. Wenn Sie ständig alles wiederholen, gewöhnt es sich daran, beim ersten Mal nicht mehr richtig hinzuhören.

Wiederholen Sie dagegen alle Übungen nach dem gleichen Muster sehr häufig. Üben Sie mit anschaulichen Gegenständen in spielerischer Form.

Manche Personen äußern, dass der fürsorgliche Umgang für das Kind in der Familie die beste Möglichkeit für die Förderung des Sprachverständnisses sein müsse. Zur Klärung dieser Frage geben wir ein kurzes Fallbeispiel:

Ein 5-jähriges Kind, das in guten Familienverhältnissen aufwächst und am Vormittag an einem Spielkreis teilnimmt, wird in der Sprachheilpraxis vorgestellt. Der Vater ist von Beruf Handwerker. Er meint, sein Kind verfüge über ein gutes Sprachverständnis, könne dagegen nur wenige Wörter sprechen. Er belegt seine Ansicht damit, dass er dem Kind zu Hause Anweisungen gebe, die richtig befolgt würden. So hole das Kind etwa bei Aufforderung die „Wasserwaage“ aus dem Werkzeugschrank. Die Sprachüberprüfung ergibt, dass das Kind einfache Begriffe wie: „Schwan“, „Schildkröte“, „Sieb“, „Gitter“, „Füller“ nicht zeigen kann. Das Kind kennt nur Begriffe seiner erlebten Umwelt. Das Sprachverständnis ist für sein Alter von 5 Jahren schlecht entwickelt.

Die allgemein gültigen Erziehungsmethoden reichen also für behinderte Kinder nicht aus. Diese Kinder müssen durch Therapiemaßnahmen und durch häusliche Übungsprogramme gefördert werden. Für die Eltern bedeutet das Folgendes: Neben den vorher aufgeführten allgemeinen Verhaltensweisen sind geplante Übungen für die Vertiefung des Sprachverständnisses wichtig. Diese sollten zwar in einer aufgelockerten spielerischen Form durchgeführt werden, sind aber etwas anderes als Kinderspiele. Sie sind ein nach Zeit, Verlauf und Lernziel geplantes Unterrichtsprogramm.

1. Bezeichnungen für Körperteile

Auge, Nase, Mund, Ohr, Haar, Hand, Bein usw.

Beispiel: Sie nehmen einen Finger des Kindes und tippen auf seine Nase. Dabei sprechen Sie: „Nase“. Das wiederholen Sie einige Male. Dann sagen Sie: „Zeig mir deine Nase.“ Wenn das Kind nicht reagiert, nehmen Sie wieder seinen Finger und tippen auf die Nase. Diese Übung wiederholen Sie täglich. Genauso verfahren Sie mit der Bezeichnung anderer Körperteile. Damit das Kind erkennt, dass für alle Nasen der Begriff „Nase“ gilt, lassen sie auch auf Ihre Nase zeigen. Der nächste Schritt ist, die Nasen anderer Menschen und Nasen auf bildlichen Darstellungen richtig zu zeigen.

2. Begriffe der täglich erlebten Umwelt

Dazu gehören unter anderen solche Wörter: Kleid, Hose, Schuh, Tisch, Stuhl, Schrank, Messer, Gabel, Teller, Bett, Haus, Ball, Wasser, Milch, heiß, kalt, sitzen, stehen usw.

Beispiel: Sie nehmen zwei Spielgegenstände: Ball und Auto. Sie zeigen den Ball und sagen „Ball“. Das machen Sie mehrfach, ebenso mit dem Auto. Das Kind wird nach einem Gegenstand greifen. Sie sagen: „Du willst das Auto. Das ist ein Auto.“ Oder Sie fragen Ihr Kind: „Was willst du? Willst du das Auto? Zeig mir das Auto.“ Solche Übungen führen Sie täglich durch. Je nach Fähigkeit des Kindes führen Sie immer weitere Begriffe ein.

3. Bildkarten

Verwenden Sie bei der Erweiterung des Sprachverständnisses Bilderlottos und Memorys. (Solche Spiele sind in reicher Auswahl in jeder Buchhandlung oder in jedem Kaufhaus erhältlich.) Durch Legespiele, Ordnen und Vergleichen bieten sich zahlreiche Sprechanlässe, die das Verständnis für Begriffe erweitern und festigen.

4. Begriffe zur nahen Umwelt

Wie heißt du?
Wo wohnst du?
Wie alt bist du?
Wie heißt dein Bruder/deine Schwester?
Wie heißt dein Freund/deine Freundin?
Mit wem spielst du gern?
Was trinkst (isst) du gern?
Welches Tier magst du gern?
Welche Farbe magst du gern?
Was siehst du gern im Fernsehen?

Anmerkung: Einige der folgenden Beispiele sind in Abwandlung von Bush/Giles („Psycholinguistischer Sprachunterricht“) entlehnt.

5. Ja-Nein-Antworten

Können Hunde fliegen?
Können Kinder spielen?
Können Blumen laufen?
Können Fische sprechen?
Können Vögel gehen?
Können Pferde klettern?
Können Hunde schwimmen?
Sind Perlen klein?
Sind Schnecken schnell?
Sind Flugzeuge langsam?
Ist das Krokodil ein Tier?
Gibt es Tiere mit fünf Beinen?
Haben Ameisen sechs Beine?
Haben Käfer vier Beine?

6. Begriffe umschreiben

Anweisung: Sie nehmen eine Bildkarte in die Hand, so dass Ihr Kind das Bild nicht sieht. Sie umschreiben den Begriff und lassen ihn vom Kind nennen. Kann das Kind auf die erste Umschreibung noch nicht antworten, geben Sie weitere Erklärungen.

Es hat vier Beine und kann bellen.
Es hat ein Fell und ruft „miau“.

Es hat viele Stacheln.
Es hat vier Beine und man kann darauf sitzen.
Es hat vier Beine und man kann darauf essen.
Es ist sehr kalt und schmeckt.
Es ist groß und fliegt in der Luft.
Es steht am Himmel und ist hell.

7. Begriffssammlung

Unter ein Merkmal werden möglichst viele Begriffe geordnet. „Sage mir möglichst viele Dinge, die dir zu meinem Satz einfallen. Es gibt immer mehrere Dinge.“

Es hat ein Fell.
Es hat Federn.
Es hat vier Beine.
Es hat zwei Beine.
Es hat Blätter.
Man kann es anziehen.
Es steht in der Wohnung.
Man kann es essen.
Man kann es trinken.
Es lebt auf dem Bauernhof.
Es lebt im Zoo.
So heißen Jungen.
So heißen Mädchen.
Es fährt auf der Straße.

8. Vom Unterbegriff zum Oberbegriff

Anweisung: „Ich sage dir immer drei Wörter. Du sagst mir für alle drei nur ein Wort. Wenn ich sage ‘Puppe–Roller–Ball’, dann sagst du nur ‘Spielzeug’.“

rot, blau, gelb – Farben
drei, fünf, neun – Zahlen
Rose, Tulpe, Nelke – Blumen
Tanne, Buche, Eiche – Bäume
Tisch, Stuhl, Schrank – Möbel
Apfel, Birne, Kirsche – Obst
Meise, Schwalbe, Star – Vögel
Messer, Gabel, Löffel – Essbesteck
Petra, Stefanie, Christine – Mädchennamen
Andreas, Michael, Peter – Jungennamen
Montag, Dienstag, Mittwoch – Wochentage
Mai, Juni, Juli – Monatsnamen

9. Vom Oberbegriff zum Unterbegriff

Die vorhergehende Übung lässt sich umkehren. Man nennt zuerst einen Oberbegriff und lässt das Kind mehrere Unterbegriffe finden.

10. Sätze logisch richtig beenden

Aus Jungen werden Männer, aus Mädchen werden …
Zum Werfen braucht man die Hände, zum Laufen die …
Auf der Straße fahren Autos, auf dem Wasser …
Das Huhn hat Federn, der Fisch hat …

11. Entscheidungsfragen
Was würdest du tun, wenn …
… du ins Wasser gefallen bist?
… du dich geschnitten hast?
… ein großer Hund auf dich zukommt?
… ein Löwe ausgebrochen ist?
… eine kleine Katze auf der Straße sitzt?

5.6. Anbahnung der Sprechfähigkeit

5.6.1. Geräusche nachahmen

Anweisung: Verwenden Sie bei den Übungen immer zur Veranschaulichung die entsprechenden Figuren oder Bilder. Beispiel: Das Kind soll angeregt werden, das Muhen der Kuh nachzuahmen. Sie nehmen die entsprechende Figur in die Hand und sagen: „Das ist eine Kuh. Die Kuh macht 'muh.' Wie macht die Kuh? Die Kuh macht …" Das Kind soll „muh" ergänzen. Kann es das nicht, so sprechen Sie selbst vor: „Muh, muh." Auch wenn Ihr Kind noch keine Reaktion zeigt, sollten Sie niemals missmutig werden oder gar aufgeben. Manchmal muss man monatelang, manchmal auch länger auf den ersten Erfolg warten.

Wir geben der Übersicht halber Beispiele für das Geräuschenachahmen, nach einzelnen Lauten geordnet, wieder. Fangen Sie mit leichten Brumm- und Piepgeräuschen an. Beginnen Sie erst mit neuen Geräuschen, wenn vorhergehende schon nachgeahmt worden sind. Sie können sich noch beliebig viele weitere Geräuschbeispiele zusammenstellen.

☐ ***Selbstlaute***

Es schmeckt gut	– aaaa
Es ist fein	– oooo
Es ist schlecht	– iiii
Es ist kalt	– uuuu
Du bist lieb	– ei
Ziege	– eeee
Esel	– ia
Uhu	– uhu
Löwe	– uah
Es tut weh	– au

☐ ***p–b–Laute***

Trommel	– bum–bum
Maus	– piep–piep

- ☐ ***t–d–Laute***

Auto	– tut–tut
Feuerwehr	– tätütata
große Glocke	– dum–dum

- ☐ ***f–w–Laute***

Wind	– fffffff
Hund	– wau–wau

- ☐ ***m–n–ng–Laute***

Kuh	– muh
Ziege	– mäh
überraschte Frage	– nanu?
Klingel	– ding–dong

- ☐ ***k–g–Laute***

Gans	– ga–ga
Taube	– gru–gru
Uhr	– tick–tack
Hahn	– kikeriki
Telefon	– klingeling
Krähe	– kra–kra
Frosch	– quak–quak (qu = kw)

- ☐ ***l–Laute***

Kinderlied auf:	– lalala, lololo usw.

- ☐ ***r–Laute***

Roller	– rrrrr
Pferd	– prrrr
Kutscher	– prrr oder brrr
Lastauto	– brum–brum

- ☐ ***j–ch$_1$–ch$_2$–Laute***

Das Kind sagt:	– jjja
Schlange	– ch–ch–ch (vorne)
Katze	– ch–ch–ch (hinten)

- ☐ ***s–sch–Laute***

entweichende Luft	– ssssss (stimmlos)
Biene	– ssssss (stimmhaft)
rauschendes Wasser	– sch–sch–sch
Lokomotive	– sch–sch–sch

5.6.2. Einzellaute mit der Lautgebärden-Methode artikulieren

Die Lautgebärde ist lediglich ein unterstützendes Handzeichen für die Bildung eines Lautes. Sie bedeutet eine Hilfe für das Sprechenlernen, für die Verbesserung der Lautbildung und für das spätere Lesenlernen. Dafür sind (besonders von Behindertenpädagogen) zahlreiche Handzeichensysteme entwickelt worden. Wir stellen für die wichtigsten Laute solche Zeichen vor, die nach Möglichkeit die Lautbildungsstelle (***Artikulationsstelle***) oder Mundstellung veranschaulichen. Bei manchen Lauten lässt sich das nicht durch ein Handzeichen versinnbildlichen. In diesen Fällen verwenden wir ein anschauliches und kindgemäßes Handzeichen.
Diese Lautgebärden sind nicht identisch mit dem „Fingeralphabet" oder einer „Zeichensprache". Beim Fingeralphabet gibt es für jeden Buchstaben ein Zeichen. Solche Zeichen benötigen taubblinde Menschen, um sich mit anderen verständigen zu können. Bei der Zeichensprache werden Laute und Wörter durch Handzeichen dargestellt. Diese Methode verwenden Gehörlose, um sich mit anderen Gehörlosen zu unterhalten. Sie sollten es streng vermeiden, sich mit Ihrem Kind in einer Zeichensprache zu verständigen. Es ist leider immer wieder zu beobachten, dass nicht sprechende Kinder sich mit ihren Eltern über eine gut ausgeformte Zeichensprache unterhalten. (Wenn sie sagen wollen, dass sie Durst haben, machen sie z.B. die leicht zu verstehende Handbewegung des Glasleerens.) Mit unseren Lautgebärden kann man keine Sprache ersetzen. Im Hinblick auf die Verwendung der Lautzeichen im Erstleseunterricht wurden nur Gebärden ausgesucht, die mit ***einer*** Hand durchgeführt werden können. So kann das Kind gleichzeitig eine Gebärde ausführen und schreiben.

a: Der Handrücken wird nach oben senkrecht gehalten. Der Daumen ist waagerecht abgespreizt. (Das Zeichen symbolisiert die weite Mundöffnung beim a.)

o: Die gekrümmten Finger bilden ein großes Rohr. Der Daumen liegt am Zeigefinger. Die Hand wird so vor dem Mund gehalten. (So wird die Lippenform beim o veranschaulicht.)

u: Die gekrümmten Finger bilden ein ganz enges Rohr. Die Zeigefingerspitze liegt am Daumenansatz. (Das soll der engeren Lippenform des u entsprechen.)

e: Nur Daumen und Zeigefinger werden parallel zueinander gespreizt vor den Mund gehalten. (Breit gezogene Mundöffnung beim e.)

i: Die Hand bildet eine Faust. Nur der Zeigefinger zeigt nach oben. (Das weist auf den hochgehobenen Zungenrücken beim i. Es kann auch als Abwehrgeste „iiii" gedeutet werden.)

Die Lautgebärden für die Umlaute entstehen aus Ableitungen der Zeichen für die Selbstlaute. Die Zeichen für die Doppellaute könnten aus zwei ineinander fließenden Selbstlautzeichen gebildet werden. Das empfiehlt sich, wenn durch Lautgebärden der Leselernprozess begleitet werden soll. Für die erste Sprechanbahnung verwenden wir vorteilhafter eigene Symbole.

ä: Eine mittlere Handstellung zwischen a und e. Der Daumen steht waagerecht, die Handfläche schräg. (Damit wird die Stellung des ä zwischen diesen Lauten symbolisiert.)

ö: Daumen und Zeigefinger bilden die Rundung wie beim o. Die anderen Finger sind waagerecht gestreckt. (Mittelstellung zwischen o und e.)

ü: Die gekrümmten Finger bilden ein enges Rohr. Nur der Zeigefinger ist nach oben gestreckt. (Mittelstellung zwischen u und i.)

au: Mit der gestreckten offenen Hand wird seitlich der Kopf berührt. (Das ist die bei uns übliche Gebärde für eine Schmerzempfindung, die mit dem Laut au begleitet wird.)

ei: Mit der offenen Hand wird die Wange gestreichelt. (Das versinnbildlicht eine Liebkosung des Kindes, die bei uns oft mit dem Laut ei begleitet wird.)

eu: Daumen und Zeigefinger werden parallel zueinander gespreizt, senkrecht gehalten und dann zur Faust geschlossen. (Das stellt die Verbindung von e und u dar. Es ist aber auch eine Gebärde der Überraschung, die von einem eu-Laut begleitet wird.)

p: Die geschlossene Faust wird bei geschlossenen Lippen an die Wange gelegt. (Die Faustbildung entspricht dem festen Lippenverschluss. Das Andrücken an die Wange soll das explosive Öffnen der Lippen unterstützen.)

b: Die geschlossene Faust wird bei geschlossenen Lippen mit einem Ausschwung gegen die Wange geführt. (Die b-Bildung unterscheidet sich von der p-Bildung lediglich durch die Stimmhaftigkeit. Das symbolisiert der Schwung der Faust.)

t: Die Hand bildet eine Faust. Der Zeigefinger liegt an der Oberlippe und wird ruckartig nach vorn geschnellt. (Damit wird sowohl die Zungenlage am oberen Zahndamm wie die explosive Bildung des t-Lautes gut begleitet.)

d: Entsprechend der Lautgebärde des t liegt jetzt nur der Daumen an der Oberlippe. (Die d-Bildung entspricht der t-Bildung mit dem Unterschied der Stimmhaftigkeit. Der Daumen symbolisiert die Stimmhaftigkeit. Des Weiteren ist der Anfangslaut des Wortes „Daumen“ ein d.)

f: Der ausgestreckte Zeigefinger wird fest an die Unterlippe gedrückt. Die übrigen Finger bilden eine Faust. (Damit wird die Artikulationsstelle bezeichnet und zugleich die f-Bildung unterstützt.)

w: Die Fingerspitzen der gesamten gestreckten Hand werden gegen die Unterlippe gedrückt. (Der w-Laut unterscheidet sich von f nur durch die Stimmhaftigkeit. Das veranschaulicht der stärkere Druck durch die ganze Hand. Zusätzlich wird somit die Stimmhaftigkeit gefühlt.)

m: Die drei mittleren Finger werden auf den geschlossenen Mund gelegt. (Damit wird der notwendige Verschluss des Mundes dargestellt und auch erzwungen.)

n: Zeigefinger und Mittelfinger werden seitlich an den Nasenrücken gelegt. (So wird die Nasalität des n-Lautes dargestellt und mit den Fingern gefühlt.)

ng: Zeigefinger und Mittelfinger liegen wie beim n am Nasenrücken. Der ausgestreckte Daumen wird unter das Kinn gelegt. (Das Zeichen ist eine Verbindung aus den Lautgebärden für n und g.)

k: Der gestreckte Zeigefinger wird unter das Kinn gelegt und schnellt nach vorne. (Die Lage der Zungenspitze am vorderen Zahndamm unten und das explosive Bilden des Lautes werden durch die Gebärde unterstützt.)

g: Bei geschlossener Hand liegt nur der Daumen fest unter dem Kinn. (Der g-Laut unterscheidet sich vom k nur durch die Stimmhaftigkeit. Das wird durch den festen Daumendruck veranschaulicht und ertastet.)

l: Der gestreckte Zeigefinger wird vor dem Mund senkrecht hoch und runter bewegt. (Damit wird die Zungenlage bei der l-Bildung am oberen Zahndamm und das andauernde Tönen des Lautes verdeutlicht.)

r (vorne gebildet): Die Fingerspitzen der Hand bewegen locker die Lippen von oben nach unten. (Auf diese Weise wird das rollende Schwingen des r dargestellt und die Bildung eines vorne gebildeten r-Lautes unterstützt.)

ch_1 (vorne zu artikulieren): Zeigefinger und Mittelfinger werden gespreizt und in kurzer Entfernung vor dem Mund gehalten. (Das soll die Breitlage der Zunge und die vordere Bildung des ch_1 veranschaulichen.)

j: Zeigefinger und Mittelfinger werden gespreizt und berühren die Mundwinkel. (Das j unterscheidet sich vom vorderen ch (ch_1) nur durch die Stimmhaftigkeit. Diese wird durch die Berührung der Mundwinkel dargestellt.)

ch_2 (hinten zu artikulieren): Bei gestreckter Hand wird der Daumen abgespreizt. So wird die Hand leicht an den Hals gelegt. (Mit dieser Gebärde wird die nach hinten gelagerte Lautbildung verdeutlicht und gefühlt.)

s (stimmlos): Die Hand bildet eine Faust. Der ausgestreckte Zeigefinger wird schräg von vorne unten gegen die Unterlippe gestreckt. (Die Gebärde weist auf die Zungenlage am unteren Zahndamm hin und lässt den über die Unterlippe ausströmenden Luftstrom erfühlen.)

s (stimmhaft): Die gleiche Gebärde wie beim stimmlosen s, nur dass jetzt der Zeigefinger die Unterlippe berührt. (In der Praxis kann man sich meist mit der gleichen Lautgebärde begnügen. Die Berührung des Zeigefingers mit der Unterlippe soll die Stimmhaftigkeit symbolisieren.)

sch: Daumen und Zeigefinger bilden einen Ring. Durch diesen Ring werden die Lippen gestülpt. (Die Gebärde symbolisiert die gewölbte Lippenformung und erleichtert dadurch die richtige sch-Bildung.)

h: Die halb geöffnete Hand wird in einiger Entfernung vor den Mund gehalten. (Beim Hauchen in die geöffnete Handfläche wird der Hauchlaut in der Handfläche gefühlt.)

Schlussbemerkung: Für die erste Anbahnung der Sprechfähigkeit sollen nicht alle hier aufgeführten Lautgebärden erprobt werden. So ist es etwa unangebracht, den Unterschied zwischen stimmhaftem und stimmlosem s in diesem Stadium in Betracht zu ziehen. Ich habe in diesem Zusammenhang alle wichtigen Laute deswegen genannt, weil auf die Anwendung von Lautgebärden in weiteren Teilen dieser Schrift zurückgegriffen wird. Die Zusammenstellung in einem Kapitel erleichtert die Hinweise und das Nachschlagen.

6. Die Behandlung von Sprachstörungen

6.1. Die Behandlung von Lautbildungsfehlern (Dyslalie)

Vorbemerkung: Bei den Hinweisen zur Korrektur von Lautbildungsfehlern beschränke ich mich auf solche Methoden, die auch von Laien ohne Furcht vor negativen Folgen durchführbar sind. Dazu gehören Übungen zur Motorik der Sprechorgane, das Nachahmen natürlicher Geräusche und die Verbesserung der phonematischen und kinästhetischen Differenzierungsfähigkeit (siehe dazu das vorhergehende Kapitel). Weiter gehende Methoden können nur vom Sprachtherapeuten angewandt werden. Eine Beschreibung weiterer Verfahren geben Jaworek/Zaborsky oder Weinert, von denen ich zahlreiche Anregungen übernommen habe.

☐ ***Bemerkungen zu den Wort- und Satzreihen***

In ihrem Buch „Entwicklungsstörungen der Sprachbildung und ihre Beseitigung“ berichtet Gertrud Wyatt über ein interessantes Experiment. Sie sprach den Eltern sprachgestörter Kinder ziemlich schnell einen Satz in einer Fremdsprache vor. Dann bat sie die Eltern, das zu wiederholen, was sie gehört hätten. Die meisten Eltern reagierten mit Verwirrung. Sie konnten gar nichts oder nur wenige Silben wiederholen. Dazu erklärten sie, es sei zu schnell gesprochen worden, und sie hätten sich die Lautfolgen überhaupt nicht einprägen können. Wenn den Eltern daraufhin nur ein einziges Fremdwort langsam und deutlich vorgesprochen wurde und zusätzlich noch auf den entsprechenden Gegenstand gezeigt wurde, konnten die Eltern das Wort nachsprechen.

Gertrud Wyatt erklärte den Eltern mittels dieses Experiments Folgendes: Schnelles und undeutliches Sprechen kann auf sprachgestörte Kinder ebenso verwirrend wirken wie eine Fremdsprache auf Erwachsene. Die Kinder nehmen nur undeutlich Lautfolgen auf, die sie weder behalten noch nachahmen können. Im Gegensatz dazu steht eine gut artikulierte Sprechweise, die nach Möglichkeit anschauliche Begriffe oder inhaltlich einfache Sätze anbietet. Wenn nun noch so gesprochen wird, dass das Kind die Lautbildung vom Munde ablesen kann, um sie feinmotorisch (kinästhetisch) nachzuempfinden, bietet sich mit dem Vorsprechen und Nachsprechenlassen von Wortreihen auf einer bestimmten Lernstufe eine Übungsmöglichkeit an, die auch von Eltern angewandt werden sollte.

Bei der Zusammenstellung der Wortreihen wurden besondere Prinzipien beachtet:

1. Die Übungswörter sind nach Möglichkeit einem ***kindlichen Wortschatz*** entlehnt. Sie sollen sich durch Gegenstände, Bilder oder einfache Erklärungen veranschaulichen lassen.

2. Die Wörter sind nach ***Lautregeln*** ausgewählt, die sich an Gesetzen der kindlichen Sprachentwicklung orientieren. R. Jakobsen hat in seinem Buch „Kindersprache, Aphasie und allgemeine Lautgesetze“ auf solch ein Gesetz aufmerksam gemacht. Danach lernen Kinder zuerst und somit am leichtesten

solche Wörter, die mit einem Mitlaut (Konsonant) beginnen, dem ein Selbstlaut (Vokal) folgt. Das Kind beginnt mit solchen Lallsilben und formt durch Wiederholung dieser Silben erste Wörter. Abgekürzt schreiben wir für diese Lautfolge: (K = Konsonant, V = Vokal)

K – V oder K – V – K – V (Wiederholung)

Beispiel: K – V : ba, ma, da,
K – V – K – V : dada, teitei, Mama, Papa.

Danach erlernt das Kind die Folge: K – V – K

Beispiel: K – V – K : Mann, Ball, Hut.

Diese Grundformen werden durch Wiederholung und Umstellung erweitert, etwa als K – V – K – V – K – V oder V – K – V.

Beispiel: K – V – K – V – K – V : Banane, Tomate
V – K – V: Oma, Anni.

Erst danach werden Mitlauthäufungen (Konsonantenverbindungen) erlernt, wie K – K – V oder K – V – K – K.

Beispiel: K – K – V : blau, Frau,
K – V – K – K : Mund, Kind.

Diese Lautregeln sind bei den Wortreihen nach Möglichkeit berücksichtigt worden. Wörter mit Konsonantenverbindungen am Wortanfang sind in besonderen Tabellen aufgeführt.

3. Es ist darauf geachtet worden, dass in einem Wort nicht gleichzeitig mehrere schwierige Laute vorkommen. Bei den Wortreihen für p/b, t/d, m/n sollen z.B. die schwierigen k/g- und s/sch- Laute nicht vorkommen. Dieses Prinzip lässt sich leider nicht immer durchhalten, da es in unserem Wortschatz nicht so viele einfache und zugleich anschauliche Wörter gibt. In der Praxis wird es oft nötig sein, die Wort- und Satzreihen zu vergrößern. Ich empfehle Ihnen, dabei die hier erklärten Prinzipien weiterhin zu beachten.

4. Die Wortauswahl und der Aufbau der Übungssätze stehen im unmittelbaren Zusammenhang mit den Wortlisten. Am Anfang stehen ganz kurze Sätze mit sehr einfachen Wörtern. Die letzten Sätze sind länger und/oder enthalten Wörter des zu übenden Lautes in einer Konsonantenverbindung. Die Satzgliederung ist deswegen so einfach, damit die Sätze auch von Kindern mit Dysgrammatismus oder anderen schweren Sprachstörungen gesprochen werden können. Es ist natürlich auch hier möglich, die Satzreihen nach Bedarf zu erweitern. Die Sätze bilden dann eine Überleitung zu kleinen Texten und zum freien Sprechen.

☐ ***Allgemeine Hinweise für häusliche Übungen***

1. Führen Sie häusliche Übungen möglichst in Absprache mit einem Sprachtherapeuten durch.
2. Überprüfen Sie Ihre eigene Lautbildung vor einem Spiegel. Sie lernen so am besten, wie Laute gebildet werden und dem Kind vorgesprochen werden sollten.
3. Üben Sie mit Ihrem Kind in einem Raum, in dem Sie durch nichts gestört werden.
4. Üben Sie wenn möglich täglich. Die Zeitdauer ist abhängig vom Alter des Kindes, von der Art der Störung, von der momentanen Verfassung und von der Art der Übung. Man kann z.B. sprechmotorische Übungen nur wenige Minuten durchführen, ein Sprachspiel (Lotto, Memory usw.) auch eine halbe Stunde oder länger. Ich nehme an, dass in den meisten Fällen eine tägliche Übungsdauer von etwa 20 Minuten empfohlen werden kann.
5. Zwingen Sie Ihr Kind niemals zur Mitarbeit. Sie würden dadurch dem Kind die Freude an Sprachübungen nehmen und nur Misserfolge haben. Bestrafen Sie ungenügende Leistungen nicht einmal mit Worten. Loben Sie dagegen jeden Erfolg.
6. Das Ende jeder Übung sollte für das Kind immer mit einem Erfolg ausklingen. Stellen Sie dafür nur eine Anforderung, die das Kind erfüllen kann. So wird das Kind am nächsten Tag gerne zur weiteren Mitarbeit bereit sein.

6.1.1. Die Behandlung von p–b–Fehlern

a) Die richtige p–b–Lautbildung

Die Laute p und b werden gebildet, indem die vorher geschlossenen Lippen ***schnell geöffnet werden (Explosivlaute)***. Die beiden Laute unterscheiden sich nur dadurch, dass p stimmlos und b stimmhaft gesprochen wird.
Der Unterschied zwischen stimmlosen und stimmhaften Lauten ist folgender: bei stimmlosen Lauten sind die Stimmbänder geöffnet, bei stimmhaften gespannt.
Diesen Unterschied kann man nicht nur hören, sondern auch mit der Hand fühlen. Legt man eine Hand an den Kehlkopf oder fest auf den Kopf, so fühlt man bei stimmhaften Lauten ein Vibrieren (Tastprobe). Wenn man sich die Ohren zuhält, verspürt man bei stimmhaften Lauten ein inneres Vibrieren.

b) Fehlermöglichkeiten

Schwache bzw. gelähmte Lippenmuskulatur, Vernarbungen nach Operationen, Gebissfehler oder auch nur falsch eingeübte Bewegungsmuster können einen festen Lippenschluss verhindern. Man kann leicht sehen, dass die Lippen nicht geschlossen werden. Gaumenspalten oder Unbeweglichkeit des weichen Gaumens können ebenfalls die p-b-Bildung stören. In diesen Fällen wird der Lautbildungsfehler durch offenes Näseln begleitet. Manche Kinder sprechen das b nicht stimmhaft oder verwechseln p und b.

c) Anbildung oder Korrektur des Lautes

Können die Lippen nicht geschlossen werden, so müssen Übungen für die Motorik der Sprechorgane (vgl. S. 46 ff.) durchgeführt werden, wie Kauen auf den Lippen, Strohhalm zwischen den Lippen halten usw. Gleichzeitig muss der Atemdruck im Mund verstärkt werden: Faden von der Lippe pusten, dicke Backen machen. Dem Kind muss ständig durch eigenes Beispiel der notwendige Lippenschluss verdeutlicht werden. Wenn p und b verwechselt werden, lassen Sie gegen die offene Handfläche lautieren. Bei p fühlt man einen Luftstrom, bei b nicht bzw. nur wenig. Wenn man gegen einen Wattebausch lautiert, fliegt er bei p weg, bei b nicht. Wenn p/b durch die Nase gesprochen werden, so dass die Laute ähnlich wie m klingen, sind Übungen zur Behandlung des offenen Näselns angebracht (vgl. S. 95). Oben Sie mit starker Betonung des Selbstlautes Silbenreihen:

pa	ba	pe	be	pu	bu
apa	aba	epe	ebe	upu	ubu
papa	baba	pepe	bebe	pupu	bubu

d) Wortreihen

p–Anlaut	***p–Inlaut***	***p–Anlaut mit Konsonanten-verbindung***	***p–Auslaut***
paff	Papa	platt	hopp
piff	Puppe	Plan	Tipp
puh	Pappe	plätten	Klipp
Paul	Papier	Plakat	knapp
Paar	Mappe	prima	Flop
Peter	Wippe	prüfen	Trupp
Pille	Lippe	Probe	schlapp
Pute	Pumpe	Preis	schnipp
Pudel	Lampe	Praline	schnapp
Puder	Tapete	pst!	Pop

b–Anlaut	***b–Inlaut***	***b–Anlaut mit Konsonantenverbindung***
Ball	oben	Blatt
Baum	eben	blau
Bein	üben	Blume
Boot	toben	Blüte
Buch	haben	Brot
Bär	Taube	braun
Bohne	Hobel	Braut
Biene	Bubi	Brief
Butter	Möbel	Braten
Banane	Tube	Brille

e) Satzreihen
Da ist Paul (Peter, Pum).
Das ist Papa (Papier).
Ich baue. Ich übe. Ich tobe.
Wir bauen ein Boot.
Der Ball (der Baum, die Mappe, das Buch) ist bunt.
Peter malt eine Biene (Bohne, Banane, Puppe, Pute, Taube).
Wir bauen Bäume (Boote, Möbel, Puppen) aus Pappe.
Peter baut eine Taube (Mappe, Wippe, Lampe, Pumpe) aus Papier.
Die Blumen blühen.
Das Plakat ist prima.
Das Brot ist braun.
Petra und Bernd toben mit dem Pudel.

6.1.2. Die Behandlung von t–d–Fehlern

a) Die richtige t–d–Lautbildung
Bei der t- und d-Bildung liegt die Zunge am oberen Zahndamm. Der Verschluss, den die Zunge am oberen Zahndamm bildet, wird mit einem Luftdruck aufgesprengt (Explosivlaut). Der Mund ist leicht geöffnet, die Zähne dürfen nicht aufeinander stehen. Diese Lautbildungsstellung kann man vor dem Spiegel gut sehen und vorführen. Das Gaumensegel verschließt den Durchgang zum Nasenraum. T und d werden in gleicher Weise gebildet, nur mit dem Unterschied, dass der t-Laut stimmlos und der d-Laut stimmhaft gesprochen wird (Tastprobe durchführen! Vgl. S. 60.).

b) Fehlermöglichkeiten
Wenn die Zungenspitze nicht am oberen Zahndamm, sondern an den unteren Schneidezähnen liegt, wird für das t ein k und für das d ein g gesprochen. In anderen Fällen bildet die Zunge keinen festen Verschluss, so dass kein Explosivlaut entsteht. Liegt die Zunge zwischen den Zähnen, klingt das t verwaschen wie tss. Eine Vertauschung von t mit d und umgekehrt hat ihre Ursache im Verwechseln von Stimmlosigkeit und Stimmhaftigkeit. Strömt die Luft durch die Nase (offenes Näseln, Gaumenspalten), klingt das t unscharf, oder es kann gar nicht gebildet werden.

c) Anbildung oder Korrektur des Lautes
Atem- und Zungenübungen werden in spielerischer Form durchgeführt. Zum Beispiel kann man einen Wattebausch an einem Garnfaden an die Decke hängen. Der Zungenverschluss wird mit starkem Luftdruck aufgesprengt, so dass der Wattebausch wegfliegt. Den Abstand zum Wattebausch kann man mit der Zeit vergrößern. Die richtige Artikulationsstelle für den Zungenverschluss kann das Kind ertasten, wenn man einen Honigtropfen auf den oberen Zahndamm streicht. Da die Lautbildung gut sichtbar ist, sollte unbedingt vor einem Spiegel geübt werden. Der Spiegel muss so groß sein, dass sich Mutter und Kind sowohl gegenseitig als auch sich selbst gut sehen können. Beim Vormachen ist der Mund weit zu öffnen, um die Zungenlage deutlich zu machen. Wenn das

Kind t und d verwechselt, ist folgende Übung sinnvoll: Legen Sie Ihre eigene Hand auf den Kopf des Kindes und die Hand des Kindes auf Ihren Kopf. Lautieren Sie das d etwas verzögert (in die Länge gezogen). Dabei fühlt man mit der Hand ein leichtes Vibrieren der Kopfdecke. Beim t-Laut entsteht keine Vibration.

d) Wortreihen

t–Anlaut	***t–Inlaut***	***t-Auslaut***	***t–Anlaut mit Konsonantenverbindung***
Tee	Auto	Hut	Treppe
Tür	Watte	laut	treu
Ton	Tüte	Boot	treten
Tor	Mitte	Bett	treffen
Tal	Otto	Haut	treiben
Tau	bitte	fett	tragen
Teddy	Latte	weit	trinken
Tanne	Butter	Naht	traurig
Tonne	Wetter	Beet	trocken
Tafel	Tapete	nett	Tropfen

d–Anlaut	***d–Inlaut***	***d–Anlaut mit Konsonantenverbindung***
da	Boden	drei
du	Faden	Draht
dein	Bude	drüber
Dame	Laden	drunter
Dach	baden	drehen
Dieb	Puder	Drachen
dünn	Pudel	draußen
dick	Feder	drinnen
Daumen	Nadel	Dreck
Domino	Leder	Dreieck

e) Satzreihen

Otto baut. Ute malt.
Mutti hat Tee (Watte, Butter, Puder, Nadeln).
Das ist eine Tüte (Tafel, Tonne, Tanne, Feder, Nadel).
Da ist der Teddy (Hut, Tee, Daumen, Faden, Pudel).
Der Teddy hat einen bunten Hut.
Otto malt eine dünne Dame.
Tante Toni holt drei Tulpen.
Dieter hat eine laute Trommel.
Die Trompete hat einen lauten Ton.
Tina trägt den Drachen nach draußen.

6.1.3. Die Behandlung von f–w–Fehlern

a) Die richtige f–w–Lautbildung

Bei den Lauten f und w wird eine Enge mit der Unterlippe und den oberen Schneidezähnen gebildet. Wenn durch diese Enge die Luft hindurchgeblasen wird, entsteht das für f und w typische Reibegeräusch (Reibelaute). Das f ist stimmlos und das w stimmhaft. Bei richtiger Bildung darf die Sprechluft nicht seitlich oder durch die Nase entweichen.

b) Fehlermöglichkeiten

Eine schlaffe Lippenmuskulatur, schlechte Kieferbeweglichkeit oder Zahnstellungsfehler können f-w-Fehler bedingen. Wenn die notwendige Enge zwischen Unterlippe und oberen Schneidezähnen schlecht gebildet wird, klingt das f verhaucht. Aus „fein" wird „hein". Manche Kinder ersetzen die Unterlippe durch die Zunge. Aus „Faden" wird dann „Tsaden". Es ist nicht selten, dass f/w im Einzelwort zwar richtig gesprochen, im Satz aber mit anderen Lauten verwechselt werden.

Beispiel: Aus: „Wir füttern die Vögel" wird: „Wir tsüttern die Tsögel". Die Vertauschung von f mit w beruht auf der schon bekannten Verwechslung von Stimmlosigkeit und Stimmhaftigkeit.

c) Anbildung oder Korrektur des Lautes

Als Vorübung haben sich Puste- oder Blaseübungen bewährt, wie Kerze auspusten, wobei der Abstand immer vergrößert wird, Wattebäusche über den Tisch pusten, Tennisbälle oder Kugeln aus Styropor über den Tisch in ein Tor blasen, Seifenblasenspiele, Pusterohrschießen usw. Dann sollen Geräusche nachgeahmt werden: Der Wind pfeift „f-f-f-f", der Hammer hämmert „wumm-wumm". Das Kind legt nun seinen Zeigefinger an die Mitte der Unterlippe und drückt sie leicht gegen die oberen Schneidezähne. Wenn es nun pustet, entsteht ein f. Darauf beißt es leicht mit den oberen Schneidezähnen auf die Unterlippe und pustet. So erhält es den richtigen f-Laut. Wenn f und w vertauscht werden, kann durch Abtasten und durch Tonaufnahmen der Unterschied zwischen Stimmhaftigkeit und Stimmlosigkeit erlernt werden.

d) Wortreihen

f–Anlaut	***f–Inlaut***	***f–Auslaut***	***f–Anlaut mit Konsonantenverbindung***
fein	Ofen	auf	froh
voll	laufen	Hof	Frau
Fell	Hafen	tief	freuen
Foto	Tafel	Huf	frieren
Fahne	Löffel	Muff	Freund
Faden	offen	Olaf	fragen

Feder	hoffen	reif	fressen
Vater	Haufen	baff	Flur
fallen	Affe	Dorf	Floh
Feuer	öffnen	Torf	fliegen

pf–Anlaut	***pf–Inlaut***	***pf–Auslaut***	***w–Anlaut***	***w–Inlaut***
Pferd	Apfel	Topf	wo	Uwe
Pfau	Töpfe	Kopf	Wald	Löwe
Pfahl	Zöpfe	Zopf	Wand	Möwe
Pfeil	kämpfen	Napf	warm	ewig
Pfanne	hüpfen	Kampf	weit	Erwin
Pfeffer	Köpfe	Tupf	Watte	Ewald
Pflug	Zipfel	dumpf	Wanne	Urwald
pflügen	klopfen	stumpf	Welle	Gewalt
pflegen	Tropfen	Trumpf	Wolle	Gewehr
pflücken	tupfen	Dampf	Wetter	Gewicht

e) Satzreihen
Ich falle.
Die Feder fällt.
Vater macht Feuer.
Das Pferd zieht den Pflug.
Die Watte ist weich.
Wo sind die Fotos (Fahnen, Löffel, Äpfel, Pferde, Löwen)?
Im Dorf gibt es viele Pferde.
Wir pflücken Äpfel (Pflaumen, Pfirsiche).
Der Bauer pflügt mit dem Pflug.
Mein Freund ist mit dem Flugzeug geflogen.
Im Frühling blüht der Flieder.
Der Löwe wohnt in der Wüste.
Uwe und Willi waren im Wald.

6.1.4. Die Behandlung von m–n–ng–Fehlern

a) Die richtige m–n–ng–Lautbildung
Die Laute m, n und ng sind in unserer Sprache die einzigen Laute, bei denen die gesamte Sprechluft durch den Nasenraum geleitet werden muss (***Nasallaute***). Das geschieht, wenn das Gaumensegel nicht den Durchgang zum Nasenraum abschließt.

m: Die Lippen sind geschlossen. Die Zunge liegt auf dem Mundboden. Die Luft entweicht durch die Nase. (Wenn man einen Taschenspiegel unter die Nase hält, beschlägt er von der Sprechluft.) Der Laut ist stimmhaft.

n: Die Lippen sind leicht geöffnet. Die Zunge liegt am oberen Zahndamm (wie bei t/d). Der Laut ist stimmhaft.

ng: Der Mund ist weit geöffnet. Die Zunge liegt am unteren Zahndamm (wie bei k/g). Der Laut ist stimmhaft.

b) Fehlermöglichkeiten

Die Nasallaute werden vom Kleinkind normalerweise frühzeitig gelernt (in Wörtern wie „Mama“, „nana“). Häufiger als bei anderen Lautbildungsfehlern liegen dem Stammeln von Nasallauten organische Ursachen zugrunde, wie etwa Kiefer-, Lippen- und Zungenschäden oder Schädigungen des Nasenrachenraumes. In diesem Fall liegt ein geschlossenes Näseln vor. Es ist auch möglich, dass die notwendige Stimmhaftigkeit der Laute fehlt oder dass die Laute vertauscht werden. Für die drei Laute sind auch ***unterschiedliche sprechmotorische (funktionelle) Fehlbildungen*** möglich:

m–Fehler:	Die Lippen werden nicht geschlossen.
n–Fehler:	Die Zunge liegt nicht am oberen Zahndamm.
ng–Fehler:	Die Zunge liegt nicht am unteren Zahndamm.

c) Anbildung oder Korrektur des Lautes

In vielen Fällen sind sprechorganische Vorübungen notwendig: Durch die Nase atmen; Einatmen durch die Nase – Ausatmen durch den Mund und umgekehrt; Brummübungen mit geschlossenem Mund; Lippen- und Zungenübungen vor dem Spiegel. Bei der m-Anbildung und Korrektur ahmt das Kind den festen Lippenverschluss nach und er fühlt die Stimmhaftigkeit durch Abtasten. Beim n muss es die Zunge sichtbar (vor dem Spiegel) an den oberen Zahndamm drücken und durch die Nase lautieren. Etwas schwieriger ist manchmal die ng-Bildung. Kann das Kind sowohl n als auch g bilden, so lassen sich beide Laute zu ng zusammenschleifen. Kann es zwar ein n, aber noch kein g bilden, sollte vor der ng-Korrektur das g geübt werden. Das zusammengezogene n und g muss aber in jedem Fall noch nasal eingeübt werden.

d) Wortreihen

Zusatzbemerkung zu Wörtern mit ng und nk: ng steht nie am Wortanfang, sondern nur in der Wortmitte oder am Wortende. Am Wortende wird es oft wie nk gesprochen. Beispiel: „Der Tag ist lang.“ In der Praxis empfiehlt es sich aus vielen Gründen (Verwechslungen, phonematische Differenzierungsschwäche usw.), die Laute ng und nk in einer Übungseinheit zu behandeln.

m–Anlaut	***m–Inlaut***	***m–Auslaut***	***n–Anlaut***
Mann	Oma	am	nah
Mond	Hammer	im	nie
Maus	Eimer	um	neu
Mehl	immer	Baum	nur
Mai	Dame	Damm	null
mehr	Daumen	Kamm	Nase
Mama	Hummel	Heim	Nadel
malen	Bäume	Lamm	Nudel
machen	Kammer	Raum	Nummer
Mitte	nehmen	rum	niesen

n–Inlaut	***n–Auslaut***	***ng–Inlaut***	***ng–Auslaut***	***nk–Inlaut***	***nk–Auslaut***
Anni	an	Inge	Ring	Onkel	Bank
Tanne	in	Enge	Ding	Anker	Tank
Tonne	ein	Menge	lang	danke	Dank
innen	fein	Dinge	eng	denken	blank
Bohne	nein	lange	Klang	Bunker	trank
Biene	tun	Zange	Gesang	lenken	Zank
Fahne	Bein	Zunge	Sprung	tanken	Schrank
Tunnel	dünn	Engel	Gong	winken	Wink
nanu	Bahn	fangen	Eingang	dunkel	Geschenk
finden	neun	bringen	Ausgang	Henkel	krank

Gegenüberstellung von Wörtern mit ng und nk

singen	–	sinken	Engel	–	Enkel
Klingel	–	Klinke	Zange	–	zanken
Wange	–	wanken	Schlange	–	schlank

e) Satzreihen

Mama malt.
Oma malt einen Mond (Baum, Eimer, Hammer).
Mit Mehl kann man Nudeln machen.
Nina näht.
Nina hat eine neue Nadel.
Eine Biene hat dünne Beine.
Die Bahn fährt in den dunklen Tunnel.
Inge hat eine lange Leine.
Onkel Ingo hat eine Angel und einen Anker.

6.1.5. Die Behandlung von k–g–Fehlern

a) Die richtige k–g–Lautbildung

Die Laute k und g werden am hinteren Zungenrücken gebildet. An der Grenze vom harten zum weichen Gaumen bildet der hintere Zungenrücken einen Verschluss. Die Sprechluft muss diesen Verschluss aufsprengen (***Explosivlaut***). Die Zungenspitze muss am unteren Zahndamm liegen. Bei großer Mundöffnung ist diese Zungenlage gut sichtbar. Das Gaumensegel verschließt den Durchgang zum Nasenraum. Die Bildung von k und g ist gleich, nur ist das k stimmlos und das g stimmhaft (Tastprobe).

b) Fehlermöglichkeiten (Kappazismus und Gammazismus)

Die Unfähigkeit, k-g-Laute zu bilden, oder deren fehlerhafte Aussprache sind ein typisches Erscheinungsbild der verzögerten Sprachentwicklung. Ursachen dafür können sein: eine allgemeine Entwicklungsbehinderung, mangelnde phonematische Unterscheidungsfähigkeit, Schäden der Sprechorgane, schlechte

Sprechgewohnheiten, Konzentrationsmängel oder das unbewusste Beharren auf einer kleinkindhaft klingenden Sprechweise. In den meisten Fällen werden k oder g gar nicht gebildet, sondern durch t oder d ersetzt. Beispiel: „Der Vogel kann fliegen" wird gesprochen: „Der Vodel tann flieden." Manche Kinder können überhaupt keinen Zungenverschluss bilden („kommen" – „ommen"). Andere bilden den Verschluss an einer falschen Stelle, so dass der Laut entstellt klingt („Kamm" – „Chramm"). In einigen Fällen wird Stimmlosigkeit und Stimmhaftigkeit verwechselt („Vogel" – „Vokel" oder: „gerade" – „kerade").

c) Anbildung oder Korrektur des Lautes

Manchmal ist es möglich, den k-g-Laut in spielerischer Weise über das Nachahmen von Geräuschen anzubilden. Man führt dem Kind mit weit geöffnetem Mund das Fauchen der Katze vor und spricht dabei „ch-ch-ch". Aus diesem hinteren ch (ch_2) lässt sich ein k bilden, wenn das Kind dabei die Zungenspitze an den unteren Zahndamm drücken kann. Manche Kinder können das Gackern der Gans („ga-ga-ga") imitieren und so das g erlernen. Bei spielerischen vitalen Kindern hat eine von J. und H. Wulff vorgeschlagene Methode guten Erfolg. Mit geöffnetem Mund werden beide Arme mit ganzer Kraft nach vorne gestoßen und dabei laut „k-k" gerufen. Das kräftige Vorstoßen der Arme lenkt von möglicher eingeschliffener Falschbildung ab und öffnet den Verschluss zum k. Vor Herunterdrücken der Zungenspitze mit dem Finger usw. muss gewarnt werden, da unfachmännische Anwendung solcher Methoden den Sprachfehler verschlimmern kann. Hartnäckige k-g-Stammler gehören unbedingt in die Hände des Sprachtherapeuten. Werden k und g als Einzellaute beherrscht, aber mit anderen Lauten verwechselt („Kragen" – „tragen" usw.), so müssen intensive Lautunterscheidungsübungen durchgeführt werden.

d) Wortreihen

k–Anlaut	***k–Inlaut***	***k–Auslaut***	***g–Anlaut***	***g–Inlaut***
Kamm	Ecke	dick	gut	Igel
Kuh	Backe	Lok	Gans	Auge
Kohl	Mücke	Rock	gelb	Egge
Korb	Wecker	Sack	Geld	Wagen
Kind	Haken	Park	Gold	Wiege
Kanne	Paket	Mark	Gabel	Nagel
Kaffee	Dackel	Trick	Garten	Bogen
Kino	Deckel	Fleck	gehen	Vogel
Kette	Wolke	Dreck	geben	fegen
Kamel	Harke	Block	genau	biegen

Abbildung 4
Aus den „Bergedorfer Bilderbögen zur Sprecherziehung“ von H. Müller lassen sich zahlreiche Übungen zur phonematischen Differenzierung von b/p, d/t, k/g, s/sch, s/z, m/n, f/w zusammenstellen. Zur Unterstützung dienen die entsprechenden Lautgebärden (vgl. Kapitel 5.6.2.).

Beispiel: Welche Wörter fangen mit k (g) an? oder:
Welche Wörter fangen so an wie „Kamm“ („Gabel“)?

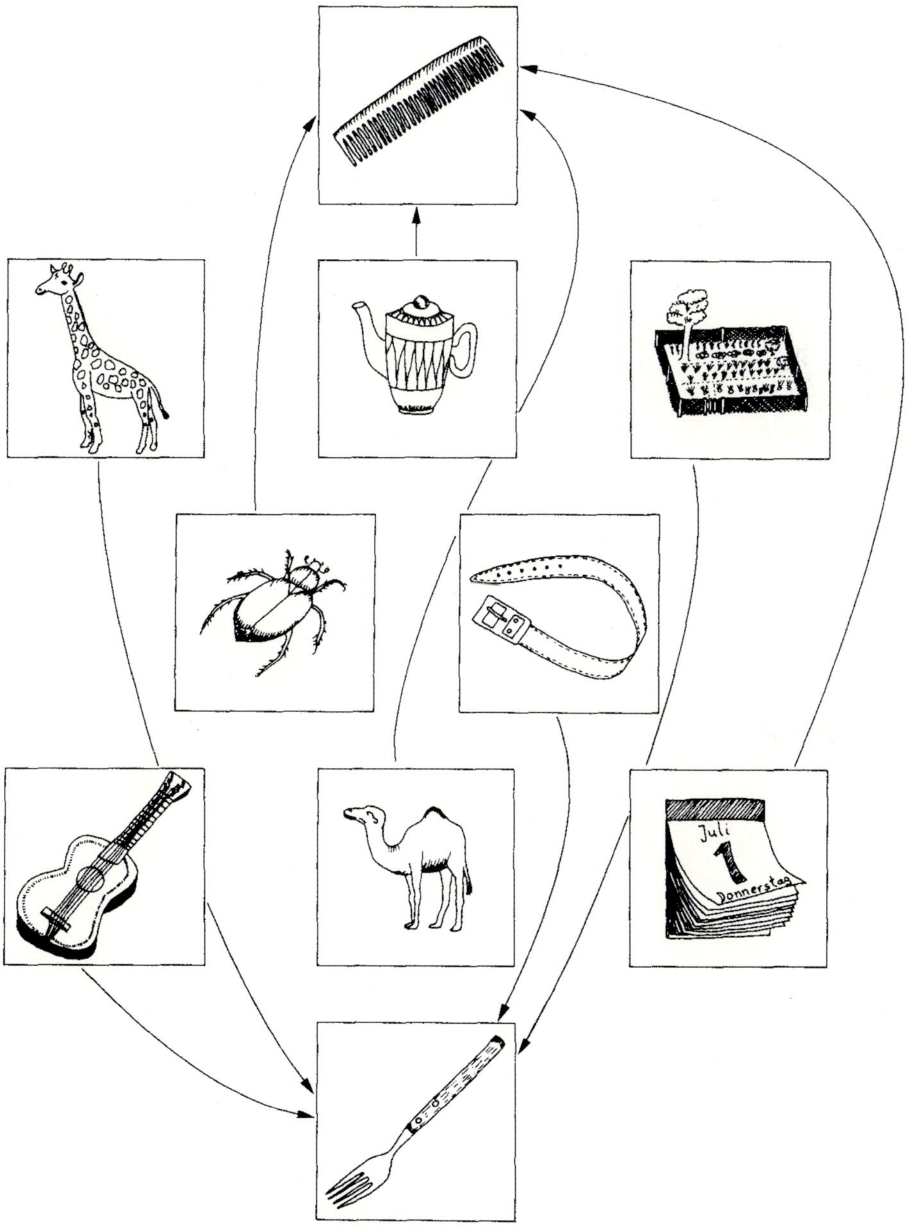

Konsonantenverbindungen der k–g–Laute im Anlaut

kl	*kr*	*kn*	*qu = kw*	*gl*	*gr*
Klee	Kran	Knopf	Quark	Glas	grau
klein	Kraut	Knick	Qualm	glatt	grün
Kleid	Kreis	Knecht	quer	Glut	groß
klar	Kreuz	Knoten	Qual	Gleis	Gras
Klaus	Kreide	Knabe	Qualle	gleich	Griff
Klasse	Krabbe	Knüppel	Quelle	Glück	Gräte
Klapper	Krone	Knochen	quaken	glauben	Grube
Klammer	Kröte	kneifen	quieken	gleiten	Graben
Klavier	Krümel	knallen	Quadrat	glühen	Gruppe
kleben	Kralle	knabbern	Quartett	Glocke	greifen

Gegenüberstellung von Wörtern mit k–g– und t–d–Lauten zur phonematischen Differenzierung

Nagel	–	Nadel	Bogen	–	Boden
Bank	–	Band	Katze	–	Tatze
Kanne	–	Tanne	Wecker	–	Weiter
Sack	–	satt	Ringe	–	Rinde

e) Satzreihen

1. Sätze mit k–Lauten
Wir kaufen ein.
Wir kaufen Kohl (Kaffee, Kuchen, Ketten, Kakao, Kämme).
Da ist ein Kind (Kamm, Kohl, Korb, Kino, Kamel, Kahn).
Im Korb ist ein Käfer (Wecker, Dackel, Rock).
Klaus kann Kaffee kochen.
Kleine Kinder können keinen Kuchen backen.
Der kleine Dackel hat einen dicken Knochen.
Kaulquappen können Kröten werden.

2. Sätze mit g–Lauten
Guten Tag (Morgen).
Wir gehen weg.
Da ist eine Gans (Gabel, Egge, Wiege).
Im Garten ist ein Igel (Vogel, Hügel).
Der Vogel hat gute Augen.
Das Glas ist glatt (gerade).
Das Gras ist grün (groß, gelb, grau).
Gestern bin ich gelaufen (gefahren, gefallen, gegangen).
Gestern habe ich gewonnen (gelernt, gegeben, gegraben).

3. Schwierige Sätze mit k–g–Lauten
Der kleine Dackel knabbert einen großen Knochen.
Die dicke Kröte krabbelt quer über einen Knüppel.
Der große Vogel kann gut fliegen.
Im grünen Gras liegt eine große Grille.
Die Katze tritt die Treppe krumm.
Katzen gehen auf Tatzen.
Eine Nadel ist nicht so dick wie ein Nagel.
Eine Tanne kann nicht in einer Kanne wachsen.

6.1.6. Die Behandlung von l–Fehlern

a) Die richtige l–Lautbildung
Beim l-Laut liegt die Zungenspitze fest am oberen Zahndamm oder den oberen Schneidezähnen. Die Sprechluft streicht seitlich an den Zungenrändern vorbei (***Engelaut***). Die Zungenlage ist bei geöffnetem Mund gut sichtbar. Das Gaumensegel verschließt den Durchgang zum Nasenraum. L ist ein stimmhafter Laut.

b) Fehlermöglichkeiten
Häufige Ursache der l-Lautbildungsfehler ist eine Ungeschicklichkeit der Zunge oder eine übergreifende Artikulationsstörung. Wenn die Luft durch die Mitte strömt, wird für l ein j gesprochen: „Ball“ – „Baj“. Wenn die Zunge so flach gegen den Gaumen drückt, dass keine Luft durchströmen kann, wird die Sprech-

luft durch die Nase geführt und aus dem l wird ein n: „Leine“ – „Neine“. Manche Kinder strecken beim l die Zunge aus dem Mund (***interdentale Bildung***). Trotz des richtigen Klanges sollte auch diese Lautbildung berichtigt werden.

c) Anbildung oder Korrektur des Lautes

In spielerischer Form werden Zungenübungen durchgeführt, um die Beweglichkeit der Zunge zu verbessern und feinmotorische Bewegungen zu empfinden (kinästhetisch). Dann die Zunge lang und spitz herausstrecken und durch Zurückziehen an den oberen Gaumen legen. Außer in sehr schwierigen Fällen gelingt die l-Bildung auf diese Weise durch Nachahmung. Der Laut wird durch Singspiele auf „la–la–la“ gesichert.

d) Wortreihen

l–Anlaut	***l–Inlaut***	***l–Auslaut***	***Hinweis:***
laut	alle	hell	l mit Konsonanten
Lied	Eule	voll	(bl, fl, gl, kl, pl)
los	holen	Ball	siehe bei den be-
Laden	malen	Fell	treffenden An-
Latte	Mühle	Aal	lauten.
Löwe	Wolle	Öl	
Leine	Beule	viel	
Lippe	bellen	null	
laufen	Lolli	Mehl	
Lappen	Teller	Paul	

e) Satzreihen

Alle malen.
Alle malen Bilder (Bälle, Eulen, Löwen, Mühlen).
Lina (Leo, Lore, Lotti, Willi, Paul) ist lieb.
Alle wollen einen Ball.
Der Löwe hat ein helles Fell.
Helga hat ein kleines Glas.
Am Baum hängen blaue Pflaumen.
Klaus hat auf einem Blatt ein kleines Plakat gemalt.

6.1.7. Die Behandlung von r–Fehlern

a) Die richtige r–Lautbildung

Sprachtherapeuten unterscheiden in der deutschen Sprache zwischen Lippen-, Zungenspitzen-, Zäpfchen-, Gaumen- und Rachen-r. Für uns ist es von Bedeutung, dass es zwei Möglichkeiten gibt, den r-Laut richtig zu bilden, und zwar entweder an der Zungenspitze (Zungenspitzen-r) oder am Zäpfchen (Zäpfchen-r).

1. Zungenspitzen–r

Das r wird an der freischwebenden hochgehobenen Zungenspitze in der Nähe des oberen Zahndamms gebildet. Die Stimmluft lässt die Zungenspitze vibrieren und die Stimmbänder schwingen (***Schwirrlaut***). Das dabei entstehende rollende Geräusch soll im Wort nur kurz (zwei- bis dreimal) anklingen. Das Gaumensegel verschließt den Durchgang zum Nasenraum.

2. Zäpfchen–r

Die Zungenspitze berührt die unteren Schneidezähne, der Zungenrücken ist gegen den weichen Gaumen gehoben. Das Gaumensegel verschließt den Durchgang zur Nase. Die Sprechluft erzeugt in der Enge Schwingungen, wobei ein r–Laut entsteht.

b) Fehlermöglichkeiten (Rhotazismus)

Als organische Ursachen werden manchmal Zungenmissbildungen angenommen:
zu große Zunge (***Makroglossie***),
zu kleine Zunge (***Mikroglossie***),
am Mundboden angewachsene Zungenspitze (***Ankyloglossie***).

In den meisten Fällen mangelt es aber nur an der notwendigen Beweglichkeit der Zunge aufgrund falscher Sprechgewohnheit. Diese haben ihre Ursache in fehlerhaften Lernvorgängen im Zusammenhang mit Hörungenauigkeiten, falscher Nachahmung usw. Beim fehlerhaften Zungenspitzen-r vibriert die Zunge nicht, da sie fest am Gaumen oder zwischen den vorderen Zähnen liegt.
Bei fehlerhaftem Zäpfchen-r liegt zumeist eine falsche Zungenlage vor, wobei ein kratzendes Geräusch erzeugt wird. In anderen Fällen entweicht die Luft durch die Nase. Manche Kinder beherrschen gar keinen r-Laut. Sie lassen den Laut in Wörtern ganz aus oder ersetzen ihn durch andere Laute wie l oder f. Am Beispiel des Wortes „rot“ sehen wir einige Fehlermöglichkeiten:
„ot“ – Ersatzloses Auslassen des r
„hot“ – Ersatz durch h
„lot“ – Ersatz durch l
„fot“ – Ersatz durch f
„chot“ – falsches r.

c) Anbildung oder Korrektur des Lautes

Ist die Bildung des Zungenspitzen-r durch eine schlechte Beweglichkeit der Zunge erschwert, müssen zuerst Zungen- und Lippenübungen durchgeführt werden. Um feinmotorisch das Vibrationsempfinden zu verbessern, sind Gurgelübungen günstig. Als sehr erfolgreich hat sich in der Praxis die r-Anbildung über den so genannten „Lippenbrummer“ erwiesen. Das Kind schlägt dabei locker mit einer Hand auf die leicht aufeinander liegenden Lippen. Dabei entsteht das Geräusch „prrr“, mit dem der Kutscher Pferde zum Halten auffordert. Hebt das Kind dabei leicht die Zungenspitze, so bildet es ein r. Manche Kinder zeigen bei der Handbewegung zu wenig Aktivität. Man lässt dann lediglich durch Blasen das „prrr“ erzeugen. Werden die Lippen nicht locker aufeinander gelegt, so übt man über h ein „hrrr“. Eine weitere Möglichkeit besteht darin, sehr schnell hintereinander t und d zu lautieren: „tdtdtd“. Das hört sich an wie „tadatada“. Aus dieser Zungenvibration lässt sich ein r bilden. Ist das r über den Lippenbrummer angebildet worden, sollten zuerst Wörter mit den Anfangslauten br und pr geübt werden.

Das Zäpfchen-r kann am besten über das Gurgeln und über Schnarchgeräusche angebildet werden. Das Kind erzeugt ein hinteres ch (ch_2). Dieses ch_2 wird mit einem r zu „chr“ verbunden. Wenn man nun das ch weglässt, erhält man ein klingendes r.

d) Wortreihen

r–Anlaut	***r–Inlaut***	***r-Auslaut***	***pr–Anlaut***	***br–Anlaut***
rot	Horn	Tor	prima	Brot
Rad	warm	Tür	Probe	Brett
Reh	Korn	Haar	Preis	breit
rau	Wurm	Tier	Prinz	braun
Raupe	Bart	Bär	prüfen	brav
Roller	Uhren	Herr	prahlen	Brei
Robbe	Ohren	leer	pressen	Brief
Regen	Birne	vor	prallen	Braten
reden	fahren	Peter	Praline	Brille
Reifen	murren	Vater	Pranke	Brücke

(Die Konsonantenverbindungen dr, fr, gr, kr, schr sind bei den entsprechenden Anfangslauten aufgeführt.)

e) Satzreihen

Brot ist braun.
Bretter sind breit.
Das Rad ist prima.
Der Bär brummt.
Der Roller rollt.
Die Ratte rennt.
Ich trinke rote Brause.
Ich habe einen großen Drachen (Kran, Turm, Reifen).

Die Raupe (Ratte, Robbe) kann krabbeln.
Die Rolltreppe rollt rauf und runter.
Drei Frauen fahren mit dem Rad auf der breiten Straße.

6.1.8. Die Behandlung von j-ch-Fehlern

a) Die richtige j-ch-Lautbildung

In unserer Sprache gibt es zwei verschiedene ch-Laute. Den Unterschied hören und empfinden Sie, wenn Sie die Wörter „ich" und „ach" sprechen. Den Laut im Wort „ich" bezeichnen wir als ch_1 den Laut im Wort „ach" als ch_2. Dagegen sind die unterschiedlich geschriebenen Laute j und ch_1 gleiche Laute, die sich nur durch Stimmhaftigkeit (j) und Stimmlosigkeit (ch_1) unterscheiden. Wenn Sie den Satz „Ich jage" sprechen, so merken Sie, dass ch_1 und j tatsächlich an der gleichen Stelle gebildet werden.

1. j-ch_1-Bildung

Der Zungenrücken ist nach oben gewölbt und bildet mit dem harten Gaumen eine Enge, durch welche die Sprechluft hindurchstreicht (***Reibelaut***). Die Zungenspitze liegt am unteren Zahndamm, die Zungenränder schließen zu den Backenzähnen hin ab. Der Mund ist leicht geöffnet. Das ch_1 kommt nur nach folgenden Lauten vor: e, i, eu, ei, ä, ö, ü, nach l, n, r und in der Endsilbe -chen.

2. ch_2-Bildung

Der hintere Zungenrücken bildet mit dem weichen Gaumen eine Enge, durch welche die Sprechluft mit einem harten Reibegeräusch hindurchstreicht. Die Zungenspitze berührt nicht ganz den unteren Zahndamm. Im Gegensatz zu ch_1 ist der Mund weit geöffnet. Das ch_2 kommt nur nach folgenden Lauten vor: a, o, u, au.

b) Fehlermöglichkeiten

Häufige j-Fehler bestehen darin, dass der Laut nicht stimmhaft und somit als ch_1 gesprochen wird. Beispiel: aus „ja" wird „cha". Manche Kinder verwechseln das ch_1 mit sch. Beispiel: aus „ich"' wird „isch". In anderen Fällen werden die Laute ersatzlos ausgelassen oder durch andere Laute ersetzt. Beispiel: aus „jeder" wird „eder" oder „teder". Der ch_2-Fehler beruht oft darauf, dass die Zunge zu weit nach hinten gedrückt wird. Man hört dann nur ein kratzendes, stimmhygienisch äußerst schädliches Rachengeräusch.

c) Anbildung oder Korrektur der Laute

Dem Kind ist die Mund- und Zungenstellung der Lautbildung deutlich sichtbar

vorzuführen. Das ch_1 kann man anbilden, indem ein lang gedehntes i davor gesetzt wird. Mund- und Zungenstellung des i entsprechen nämlich der ch_1-Bildung. Das Kind spricht „iiiiich".
Die j-Bildung lässt sich durch übertriebenes Mundöffnen zeigen. Die Stimmhaftigkeit des j und Stimmlosigkeit des ch_1 wird durch Abtasten am Kehlkopf oder auf dem Kopf erfühlt. Über Tonbandaufnahmen wird der Unterschied auditiv (über das Gehör) erfasst.
Das ch_2 lässt sich durch Nachahmung von Geräuschen anbilden. Die Katze faucht „ch–ch–ch". Wir schnarchen „ch–ch–ch". Es wird dann ein lang gedehntes a gesprochen und das ch_2 angehängt: „aaaaach". Es ist darauf zu achten, dass dieser Laut nicht zu weit hinten im Rachen gesprochen wird.

d) Wortreihen

j–Anlaut	*ch_1–Auslaut*	*ch_1–Inlaut*	*ch_2–Auslaut*	*ch_2–Inlaut*
ja	ich	dicht	ach	machen
Jens	mich	Licht	Dach	lachen
jung	dich	richtig	Fach	wachen
Junge	weich	Becher	Bach	Kachel
Jutta	Teich	Küche	flach	kochen
Jumbo	Pech	Köchin	Krach	rauchen
Jäger	Blech	Eiche	Tuch	suchen
jeder	frech	Mädchen	doch	Kuchen
jammern	Deich	Märchen	auch	Buche
jagen	reich	rechnen	Bauch	Sache

e) Satzreihen

ch_1–j
Ich mag dich.
Da ist ein Becher (Licht, Mädchen, Teich).
Jutta (Jens) ist da.
Jutta ist ein Mädchen. Jens ist ein Junge.

ch_2
Wir lachen (machen, wachen, kochen, tauchen, suchen).
Der Koch kann kochen.
Der Bach ist flach.
Jochen macht Krach.

ch_1–j–ch_2
Ich habe Licht gemacht.
In der Nacht leuchten viele Lichter.
Jutta und Jens lachen (kochen, tauchen).
Im Märchen gibt es Wichtelmänner (Schneewittchen).
Ach ja, ich möchte Kuchen und Milch.

6.1.9. Die Behandlung von s–sch–Fehlern

Alle Zischlaute und Verbindungen mit diesen Lauten fassen wir in einer Gruppe zusammen. In der Buchstabenschrift stehen dafür: c, s, ss, ß, sch, x, z und zahlreiche Konsonantenverbindungen, wie st, sp, schw usw. Die Buchstabenschreibweise ist insofern irreführend, als es nur drei verschiedene Zischlaute gibt: das stimmhafte s, das stimmlose s und das sch. Das stimmlose s kann auf drei Arten geschrieben werden: s, ss, ß. Das nur in Fremdwörtern vorkommende c wird entweder wie k oder wie z gesprochen. Das z ist aber kein eigener Laut, sondern eine Konsonantenverbindung aus t und s. Ebenso verhält es sich mit dem x, das aus k und s besteht. ***Alle Fehlbildungen der Zischlaute bezeichnet man als Sigmatismus.***

a) Die richtige s–sch–Lautbildung

1. Die richtige s–Lautbildung
Die Zungenspitze liegt fest am unteren Zahndamm. Gleichzeitig muss die Zunge in der Mitte eine kleine Rinne bilden. Der Mund ist nur ganz leicht geöffnet, so dass man die Zunge nicht sieht. Durch die Rinne der Zunge wird die Sprechluft über den Zungenrücken (***Zungenrücken-s oder dorsale s-Bildung;*** dorsum, lat. = Rücken) gegen die unteren Schneidezähne (bei Zahnlücken gegen den Zahndamm) geblasen. Es entsteht ein reibendes Geräusch (Reibelaut), das wir als klangreines s empfinden. Dieses s kann stimmlos oder stimmhaft artikuliert werden (Tastprobe!). Beide Formen müssen einen deutlich unterschiedlichen Klang haben.
Daneben gibt es auch eine s-Bildung, bei der sich die Zungenspitze der oberen Zahnreihe nähert und die Luft über die gekerbte Zungenspitze streicht (***Zungenspitzen-s oder apikale s-Bildung***; apex, lat. = Spitze). Da diese Form relativ selten ist, soll sie hier nicht weiter besprochen werden.

2. Die richtige sch–Lautbildung
Die sch-Bildung ist der s-Bildung in manchem ähnlich. Die Zungenspitze ist etwas vom unteren Zahndamm zurückgezogen. Die Seitenränder der Zunge schließen dicht mit den Backenzähnen ab. In der Zungenmitte bildet sich eine Rille. Die Lippen bilden einen kesselförmigen Raum (wie beim u-Laut). Die Sprechluft muss über die Zungenmitte nach vorne geleitet werden. Dabei entsteht ein Rauschen (Reibegeräusch). Das sch ist ein stimmloser Laut. Ein stimmhaftes sch kennen wir nur in einigen Fremdwörtern (z.B. „Garage“).
Ähnlich wie beim s kann das sch mit erhobener, leicht zurückgebogener Zungenspitze (***apikale sch-Bildung***) oder mit gesenkter Zungenspitze gebildet werden (***dorsale sch-Bildung***). Die letztere Möglichkeit ist weitaus häufiger.

b) Fehlermöglichkeiten

Kein Laut der deutschen Sprache wird so häufig fehlerhaft ausgesprochen wie die s-sch-Laute. In der Umgangssprache benennt man die Fehler mit Aus-

drücken wie: „Lispeln“, „Anstoßen“, „Slick“ oder „Hölzeln“. Böhme spricht von über 50 verschiedenen Arten von Sigmatismus. Die Häufigkeit und die Vielzahl der Fehlermöglichkeiten beruhen vornehmlich auf zwei Gründen: Der s-Laut hat die höchste Tonhöhe (Frequenz) aller Sprachlaute. Er ist daher am ehesten anfällig für auch nur leichte (akustische) Hörstörungen oder (auditive) Störungen der zentralen Höraufnahme. Zum Zweiten ist der s-Laut ein feinmotorisch kompliziert zu bildender Laut. Bei keinem anderen Laut kommt es so genau auf eine Zungenlage an, die gleichzeitig mehrere Bedingungen erfüllen muss: Rinnenbildung, Zungenspitze am unteren Zahndamm, Zungenränder schließen dicht zu den Backenzähnen ab.
Wir verzichten auf eine Aufzählung aller Fehlermöglichkeiten. Die wichtigsten sollen jedoch kurz erwähnt werden. Es ist üblich, alle Sigmatismen nach der Art der fehlerhaften Artikulationsstelle zu benennen. Die Bezeichnungen gelten gleichermaßen für s- und sch-Fehler. In der Praxis ist es so, dass s-Fehler häufiger als sch-Fehler sind.

Der s-Laut wird durch einen anderen Laut ersetzt. So wird etwa aus „Sonne“ „Fonne“ (Fachausdruck: ***Parasigmatismus***).
Die Zungenspitze liegt nicht am unteren Zahndamm, sondern zwischen den Zähnen. Das Kind „lispelt“ (***Sigmatismus interdentalis***).
Die Zungenspitze wird ohne Rinnenbildung gegen die oberen Schneidezähne gepresst. Das Kind „stößt an“ (***Sigmatismus addentalis***).
Die Sprechluft strömt nicht nach vorne, sondern seitwärts über beide Zungenränder. Das Kind „hölzelt“ (***Sigmatismus bilateralis***).
Die Sprechluft strömt über den rechten Zungenrand (***Sigmatismus lateralis dexter***) oder über den linken Zungenrand (***Sigmatismus lateralis sinister***).
Die Sprechluft strömt über den Zungenrand, und die Zungenspitze liegt zwischen den Zähnen. Das Kind „lispelt“ und „hölzelt“ gleichzeitig (***Sigmatismus lateroflexus***).

Der s-Laut wird mit dem f-Laut vermischt artikuliert (***Sigmatismus labio-dentalis***).
Die Zungenrinne wird zu eng gebildet, so dass ein pfeifendes Geräusch entsteht (***Sigmatismus stridens***).
Die Zungenrinne ist zu breit. Die Zunge hebt sich gegen den vorderen harten Gaumen (***Sigmatismus palatalis***).
Die Sprechluft strömt durch die Nase (***Sigmatismus nasalis***).
Der Zungenrücken drückt gegen den hinteren weichen Gaumen. Es entsteht ein schnarchendes Geräusch (***Sigmatismus velaris***).
Anstelle des s-Lautes wird ein kratzendes Rachengeräusch erzeugt (***Sigmatismus pharyngealis***).
Anstelle des s-Lautes wird im Kehlkopf ein Geräusch erzeugt (***Sigmatismus laryngealis***).

Die letzten Beispiele sind so selten, dass sie auch in der Sprachheilpraxis nicht oft zu beobachten sind. Dagegen sind die Fälle des „Lispelns“ und „Anstoßens“ so häufig, dass alle Sprachtherapeuten nicht ausreichen würden, um diese Fehler zu behandeln. Die Erfahrung zeigt auch, dass eine „Selbstbehandlung“ des Sigmatismus ohne fachmännische Anleitung und Überwachung ziemlich aussichtslos ist. Wegen der Fülle der Ursachen und Fehlermöglichkeiten der s-Fehlbildungen sind auch die Vorschläge für die Behandlungsmethoden überaus zahlreich. Weinert beschreibt in seinem Werk „Die Bekämpfung von Sprechfehlern“ 44 verschiedene Methoden. Wir beschränken uns im nächsten Absatz auf einige Ratschläge, die von Eltern befolgt werden können. In einer großen Zahl von Fällen führt die Beachtung dieser Ratschläge in Zusammenarbeit mit dem Sprachtherapeuten zu Erfolgen.

c) Anbildung oder Korrektur des Lautes

1. Der s–Laut

☐ Falls das Kind den s-Laut hörmäßig gar nicht oder nur ungenau wahrnimmt (Letzteres ist nicht selten der Fall), müssen ***Hörübungen*** durchgeführt werden:
Zeigen Sie Bilder mit s-Laut-Wörtern. Sprechen Sie das s manchmal gar nicht, manchmal falsch und manchmal richtig. Das Kind soll die richtige Lautbildung von der falschen unterscheiden. Ein dem s-Laut ähnlicher Klang lässt sich nachvollziehen, indem man auf eine Papierkante bläst.

☐ In einigen Fällen gelingt die erste s-Anbildung über ***ganzheitliche Spontanmethoden***. Hierfür bieten sich Bewegungsspiele an, bei denen s-Geräusche eine Rolle spielen:
Die Biene summt „s–s–s“ (stimmhaft).
Die Schlange zischt „s–s–s“ (stimmlos).
Der Wind pfeift scharf „s–s–s“ usw.

☐ In ähnlicher Weise lassen sich erste s-Laute bilden, bei denen ***unterstützende Hand- oder Mundbewegungen*** mitwirken:
Den angefeuchteten Zeigefinger in Richtung Unterlippe halten und dagegen pusten (mit schwachem Luftdruck).
In die hohle Hand pusten. Den nach unten gerichteten Lufthauch erfühlen.
Das Ausatmen beim Zigarettenrauchen nachahmen.
So tun, als ob ein Krümel von der Unterlippe zu pusten ist.
So tun, als ob man einen Faden von der Zunge zieht und dabei „s“ lautiert.

☐ Die Anbildung und Korrektur des s-Lautes kann auch durch zahlreiche ***Vorübungen*** erleichtert werden:
Versuchen, das Flöten zu erlernen. Einen Flötenmund machen und dabei ein- und ausatmen.
Durch die geschlossenen Zahnreihen pfeifen.
Die Zähne aufeinander stellen, einen Lachmund machen und ein stimmhaftes s durchblasen.

Entsteht kein Lachmund, mit Daumen und Zeigefinger die Mundwinkel breit drücken lassen.
Wie ein Hund hecheln. Den Mund langsam weiter schließen. Aus dem hechelnden Laut entsteht ein s.
Beißt das Kind auf die Zunge (interdental), soll es auf die Spitze des kleinen Fingers beißen. Auf diese Weise lässt sich das Lispeln beeinflussen.
Durch einen Strohhalm blasen lassen. Den Strohhalm langsam herausziehen und dabei weiter auspusten. Dabei entsteht ein s.
Mit der Zunge laut schnalzen lassen. In der Endphase des Schnalzens muss die Zunge flach und die Zungenspitze unten vorne liegen. Anschließend hauchen lassen. Bei mehrmaliger Wiederholung der Übung soll das Hauchen durch einen immer mehr geschlossenen Mund erfolgen. Es entsteht dann ein scharfes Geräusch.

□ In vielen Fällen des Sigmatismus ist die falsche Zungenlage so hartnäckig eingeschliffen, dass tägliche ***Zungenübungen*** erforderlich sind, bevor die s-Anbildung Erfolg haben kann:
Einen Strohhalm in die Zunge „einwickeln". Durch diese Zungenrolle ein- und ausatmen.
Die Zunge vorne breit ziehen und mit den Schneidezähnen darauf kauen lassen. Kräftig über die Zunge blasen.
Die Zunge abwechselnd lang herausstrecken und hinter die unteren Schneidezähne legen. Die Zunge dort liegen lassen, die oberen und unteren Schneidezähne bis auf etwa 1 mm annähern und ein s durchblasen.
Den Mund weit öffnen. Die Zunge abwechselnd hinter die oberen und unteren Schneidezähne legen. Dann oben ein t bilden und danach die Zungenspitze senken.
Den Mund schließen und die Zunge an den Gaumen drücken. Den Mund öffnen und nun langsam die Zunge von oben nach unten führen. Den Mund langsam fast schließen und hauchen. Aus dem Hauchlaut entsteht ein Zischlaut.
Die Zunge hinten an den Seiten breit ziehen und sachte mit den Backenzähnen aufbeißen. Dann die Zungenspitze senken und pusten.

□ Bei den nächsten Methoden geht man von einem schon gekonnten Laut aus, von dem das s abgeleitet wird. Diese Übungen nennt man ***Ableitungsmethoden***:
Ein lang gezogenes „f–f–f" sprechen lassen. Dabei mit Daumen und Zeigefinger die Unterlippe nach unten ziehen. Es entsteht ein „f–f–s–s" (***f-s-Methode***).
Die Zunge an den unteren Zahndamm legen (wie beim Flöten) und versuchen, in dieser Stellung ein t zu sprechen. Diesen t-ähnlichen Laut immer schneller sprechen. Es entsteht „t–s" (***t-s-Methode***).
Ein lang gezogenes „ich–ch" sprechen. Den ch_1–Laut in einen s-Laut überführen (***ch_1-s-Methode***).

Den Zeigefinger gegen die Mitte der Unterlippe drücken. Dabei „pst!" sprechen.
Über das Niesgeräusch „hatschi" zum „hazi" und „zi".
Die Zunge breit ziehen und „i" lautieren. Jetzt das i ohne Stimme sprechen. Leicht durch die Zähne pusten und „isi" sprechen (***i-s-Methode***).

2. Der sch–Laut

- ☐ Zuerst versuchen, über die Nachahmung von Geräuschen das sch im Spiel anzubilden:
  Die Lokomotive stampft „sch–sch–sch".
  Der Wasserkessel zischt „sch–sch–sch".
  Wir verscheuchen Vögel „sch–sch–sch".

- ☐ Wir bilden einen u-Mund („Schnute", „Rüsselmund"). Mit dieser Lippenstellung das Lokomotivengeräusch nachahmen.

- ☐ Oft gelingt diese Lippenstellung nicht gut. Es bieten sich dann folgende Übungen an:
  Mit Daumen und Zeigefinger einen Ring bilden lassen und die Lippen durch diesen Ring stülpen.
  Die Lippen an ein Röhrchen oder eine Drahtschleife legen und hindurchpusten. Dabei sch bilden.
  Das sch gegen einen Spiegel sprechen. Es soll ein runder Atemfleck entstehen.
  Strohhalm zwischen Oberlippe und Nase festhalten können. Lang gezogen „u–i–u–i" sprechen.

- ☐ Das Kind ein lang gezogenes „ichchch" sprechen lassen. Beide Wangen sanft andrücken und nach vorne ziehen. Es entsteht der u-Mund und aus dem „ich" wird ein „isch" (***ch_1-sch-Methode***).

- ☐ Unterlippe mit den Fingern nach vorne ziehen. Es entsteht ein freier Raum zwischen Unterlippe und Zähnen. Kräftig in diesen Raum pusten. Dabei entsteht ein „sch".

- ☐ Wenn das s schon gekonnt wird: Ein s lautieren lassen und dabei die „Schnute" bilden. Es entsteht „s–s–sch" (**s-sch-Methode**).

- ☐ Man kann auch vom t ausgehen: Die Zungenspitze wird nach hinten hochgehoben, und dann muss ein schnelles „t–t–t" lautiert werden. Es entsteht ein „tsch"' und daraus ein „sch" (***t-sch-Methode***).

- ☐ Mit den Backenzähnen leicht auf die Zungenränder beißen und die Zungenspitze leicht heben. Beim vorsichtigen Aushauchen entsteht ein sch-ähnliches Geräusch. Zusätzlich eine „Schnute" machen.

Verwechslungen von Stimmlosigkeit und Stimmhaftigkeit bei Zischlauten werden durch Hörübungen und Abtasten beseitigt.

d) Wortreihen

s–Anlaut	***s–Inlaut***	***s–Inlaut***	***s–Auslaut***
(stimmhaft)		***(stimmlos)***	
sie	Nase	essen	heiß
so	Hase	Tasse	weiß
Sofa	Vase	Wasser	aus
Sonne	Meise	Messer	Maus
Suppe	Wiese	Kessel	Haus
Sieb	Riese	lassen	Mus
Seide	Dose	fassen	Fuß
Salat	Bluse	beißen	Bus
summen	Esel	reißen	Fass
sauber	Besen	Kissen	nass

Gegenüberstellung von stimmlosem und stimmhaftem s

Eis	–	Eisen	Reis	–	Reise	Laus	–	Läuse
nass	–	Nase	Mais	–	Meise	Haus	–	Häuser
los	–	lose	Maus	–	Mäuse	Glas	–	Gläser

s–Laute in Verbindung mit anderen Lauten (Konsonantenverbindungen)

st–Inlaut	***st–Auslaut***	***z(ts)–Anlaut***	***tz(ts)–Inlaut***	***tz(ts)–Auslaut***
pusten	ist	Zahn	Katze	Netz
husten	Nest	Zaun	Tatze	Witz
Kiste	Post	Zeit	Mütze	Sitz
Kasten	Fest	Zelt	Hitze	Blitz
Weste	Last	Zug	Ritze	Platz
Äste	Bast	Zahl	Grütze	Latz
Muster	Rest	Ziege	Pfütze	Putz
Ostern	Rost	Zimmer	Spitze	Fritz
lustig	Faust	Zunge	petzen	Fratz
flüstern	Brust	Zange	putzen	Klotz

zw(tsw)–Anlaut	***sp-Inlaut***	***x(ks)–Inlaut***	***x(ks)–Auslaut***	***Besonderheiten***
zwei	Wespe	Taxe	Max	Warze
Zweig	Kasper	Hexe	Alex	jauchzen
Zwerg	lispeln	Nixe	Felix	jetzt
Zwiebel	wispern	Achse	Asterix	Pilz
zwanzig	knuspern	Büchse	Obelix	Häschen
zwicken	Knospe	boxen	Keks	Kätzchen
Zwirn	Raspel	mixen	Koks	Krebs
zwölf	Haspel	Deichsel	Wachs	Sven
Zwieback	räuspern	Eidechse	Fuchs	Slalom
Zwilling	Espe	wechseln	Klecks	Skalp

sch–Anlaut	***sch–Inlaut***	***sch–Auslaut***	***sch–Anlaut mit Konsonantenverbindung***
Schuh	Asche	Busch	Schnee
Schal	Uschi	Tisch	Schnalle
Schaf	Joschi	Fisch	Schnabel
schön	Tasche	rasch	schmal
schief	Tusche	Tausch	schmecken
Schule	Wäsche	hübsch	schlafen
Schiene	Masche	Mensch	Schlitten
Scheibe	waschen	Hirsch	Spaten
Schaufel	lauschen	Matsch	Stein
Schale	Muschel	Wunsch	Schwein

Hinweis: sp und st werden wie schp und scht gesprochen.

Wörter mit zwei sch–Lauten

Schultasche	Schiffsschraube	Froschschenkel
Schneeschuhe	Kirschstein	Schwalbenschwanz
Taschenspiegel	Schnappschloss	Schwertfisch

e) Satzreihen

1.) s (stimmlos)

Ich esse.
Das ist ein Haus (Bus, Fuß, Fass, Eis).
Ist das ein Messer (Kessel, Kissen, Rüssel)?

2.) s (stimmhaft)

Die Bienen summen.
Sabine summt (sucht, sieht, singt, sagt).
Da sind Hasen (Esel, Dosen, Meisen, Mäuse, Häuser).

3.) s (stimmlos und stimmhaft)

Der Esel hat eine nasse Nase.
Ich gieße Wasser in die Tasse.
Hans und Susi singen (essen, reisen, husten, pusten, niesen).
Susi und Sabine sind gern in der Sonne.
In der Kiste sitzt eine weiße Maus.
Die weiße Ziege frisst zwei Kisten Gras.
In der Büchse sind zweiundzwanzig Kekse.

4.) sch

Ich habe Schuhe.
Ich male einen Schuh (Schal, Stein, Spatz, Fisch, Tisch).
Die Sonne scheint schön.
Fische können schnell schwimmen.
In der Schule lerne ich schreiben.
Im Stall schlafen Schafe und Schweine.
Die Schwalbe (der Storch, Spatz, Specht) hat einen spitzen Schnabel.
Ich kann schon alles sehr schön sprechen.

6.1.10. Die Behandlung von h–Fehlern

Da die Fehler des Hauchlautes h selten sind, können wir uns hier mit einem verkürzten Hinweis begnügen. Das h ist der gehauchte Einsatz des folgenden Selbstlautes (Vokal). Fehlformen entstehen durch Auslassen oder durch Ersatz mit ch_1. Für die Anbildung und Korrektur empfehlen sich Atemübungen. Spontane Anbildung gelingt über das Lachen „ha–ha–ha“. Man kann auch gegen einen Spiegel oder auf die Hand hauchen und Blaseübungen durchführen (Kerze auspusten, Watte über den Tisch pusten usw.)

Wortreihen

Haar	Haus	Himmel	Hut
Hahn	heben	Hof	Huhn
Halle	hell	hoch	Hund
Hand	Hemd	holen	Heu
Hase	heiß	Hose	hören

Satzreihen

Ich habe Haare (eine Hose, zwei Hände).
Auf dem Hof ist ein Hund (Huhn, Hahn, Hase).
Im Haus ist eine helle Halle.

6.1.11. Die Behandlung von Vokal-Fehlern

Zu den Vokalen gehören die Selbstlaute a, e, i, o, u, die Umlaute ä, ö, ü und die Doppellaute (Diphtonge) au, ei, eu. Die Selbstlaute können – mit Ausnahme von hörbehinderten und schwerst sprachbehinderten Kindern – fast immer richtig gebildet werden. Ebenso sind Fehlbildungen der Diphtonge eine Ausnahme. Die Falschbildung der Umlaute ist dagegen häufiger zu beobachten. So sprechen manche Kinder für ü ein i. Solche Fehler beruhen auf phonematischen Differenzierungsschwächen, auf mangelndem sprachlichen Vorbild oder auf einer allgemeinen Sprachschwäche. Wegen des geringen Vorkommens der Vokal-Fehler verzichten wir in diesem Zusammenhang auf die Besprechung dieser Laute. Wir belassen es bei dem allgemeinen Hinweis, dass ein exaktes sprachliches Vorbild und die Beachtung einer korrekten Vokal-Lautierung beim Kind eine wichtige sprachtherapeutische Forderung sind.

6.1.12. Die Behandlung von Fehlern in Konsonantenverbindungen

Wenn zwei oder mehrere Mitlaute (Konsonanten) eine Lautgruppe bilden, sprechen wir von einer ***Konsonantenverbindung*** (vgl. S. 31). Beim Sprechen fließen die Einzellaute ineinander. Dabei bestehen wechselseitige Beeinflussungen. Es entstehen Lautqualitäten, die von den isoliert gesprochenen Einzellauten verschieden sind.
Konsonantenverbindungen kommen im Anlaut, Inlaut und Auslaut vor. Am häu-

figsten werden r und l mit anderen Mitlauten verbunden. Im Anlaut: br, fr, kr, pr, tr, wr und bl, fl, gl, kl, pl, sl, im Inlaut oder Auslaut: rm, rn, lb, lf usw. Im Anlaut gibt es daneben nur noch folgende Verbindungen: kn, sl, sk, zw, schl, schm, schn, schw. Alle anderen Konsonantenverbindungen kommen in deutschen Wörtern nur im Inlaut oder Auslaut vor, z.B.: nch, mpf, rnd usw.
Das Zusammenschleifen von zwei Mitlauten ist für viele Kinder mit Sprachstörungen ein besonderes Problem. Wenn ein Laut der Konsonantenverbindung falsch gesprochen wird, kann die Konsonantenverbindung ohnehin nicht gebildet werden. Aber auch wenn die betreffenden Einzellaute richtig gebildet werden, kann die Konsonantenverbindung fehlerhaft sein. Beispiel: Ein Kind kann b und l in den Wörtern „Baum“ und „Laden“ richtig sprechen. Für „Blume“ sagt es aber „Bume“ und für „blaue Lampe“ sagt es „baue Lame“.
Die Vielzahl möglicher Konsonantenverbindungsfehler kann hier gar nicht aufgeführt werden. Für die Korrektur solcher Fehler wollen wir nur einige gebräuchliche Methoden aufführen.

1. Lautakustische Differenzierung

Ein Kind kann den s- und t-Laut nicht zum st zusammenschleifen. In Wörtern mit st lässt es den s-Laut weg. Es sagt z.B. für „pusten“ nur „ puten“. Diese Sprechweise wird auf Tonband aufgenommen. Durch solche intensiven Hörübungen verbessern manche Kinder ihre Sprechfehler. In anderen Fällen kann der Fehler aber nur bewusst gemacht und nicht geändert werden.

2. Ganzheitliches Zusammenschleifen

Ein anderes Kind hat Schwierigkeiten bei den r-Verbindungen. Für „braun“ sagt es „baun“, für „probieren“ sagt es „pobieren“. Hier bietet sich ein ganzheitliches Vorgehen an, das oft zu spontanen Erfolgen führt. In einem Kutscherspiel wird für das Anhalten der Pferde der „Lippenbrummer“ oder das „Kutscher-r“ geübt. Indem mit der Hand die Lippen bewegt werden, entstehen die Konsonantenverbindungen pr und br. Sind diese Lautverbindungen gesichert, lassen sich leichter weitere r-Verbindungen lernen.

3. Absehen der Artikulation vom Mund

Im nächsten Fall lässt ein Kind die t-d-Laute nach l oder n aus. Für „kalt“ sagt es „kal“. Beim Vorsprechen lässt man mit weit geöffnetem Mund die Zungenspitze am oberen Zahndamm. Das t kann an gleicher Stelle wie das l gebildet werden. Das Kind ahmt diese Artikulation nach und kommt zur richtigen lt-Bindung. Durch lautbegleitende Handzeichen lässt sich diese Methode noch verbessern.

4. Einfügen eines Hilfslautes

Manchmal bestehen für das Zusammenschleifen der l-Verbindungen hartnäckige Schwierigkeiten. Man kann vorübergehend zwischen b und l ein ganz kurz gesprochenes e einschieben. Das Kind spricht etwa „be–lllau“. Dabei darf nicht das b, wohl aber das l lang gehalten werden. Durch immer schnelleres Sprechen verschwindet das e.

5. Einfügen des Hauchlautes h

Es kommt auch vor, dass Kinder einen Konsonanten zu viel bilden. So wird etwa aus „Tasse" – „Tassde". Das überflüssige d wird zuerst durch h ersetzt. Man lässt „Tass – he" sprechen. Daraus lässt sich leicht „Tasse" entwickeln.

6. Wortaufbau

Mitlautverbindungen können durch Lauthinzufügung in einer Reihung aufgebaut werden.

Beispiele:

Ei – rei – drei,
ein – Wein – Schwein,
roh – troh – Stroh usw.

7. Bilder zusammenfügen

Beschriftete Bildwortkarten werden in zwei Teile geschnitten. Die Teile werden auseinander gelegt und dann langsam zusammengeschoben. Das Zusammenschieben wird sprachlich begleitet. Das bedeutet eine zusätzliche Hilfe für die Verschmelzung der Lautverbindungen.

Beispiele:

Ap	–	fel	Tul	–	pe	
Gur	–	ke	Müt	–	ze	
Häs	–	chen	Kir	–	sche	
Kas	–	per	Tor	–	te	usw.

6.2. Die Behandlung von Wort- und Satzbildungsfehlern (Dysgrammatismus)

1. Sprachaufbau mehrsilbiger Wörter

Sofern Schwierigkeiten bestehen, Wörter mit mehreren Silben zu sprechen, empfiehlt sich folgende Übung: Sprechen Sie dem Kind zuerst zweisilbige, dann dreisilbige usw. Wörter vor. Klatschen Sie bei jeder Silbe in die Hände. Lassen Sie das jeweilige Wort nachsprechen und das Kind dabei ebenfalls bei jeder Silbe in die Hände klatschen. (Das rhythmische Klatschen von Silben oder von ganzen Wörtern ist auch beim Sprechen kleiner Sätze eine gute Hilfe für Dysgrammatiker.)

2 Silben	***3 Silben***	***4 Silben***	***5 Silben***
Biene	Banane	Limonade	nebeneinander
Bohne	Tomate	Badehose	hintereinander
Boden	Tapete	Badewanne	darüber fallen
Besen	Laterne	Bügeleisen	hinterherlaufen
Dame	Lineal	Kinderladen	obendrauf legen
Daumen	Anorak	Kinderzimmer	darunter legen
Faden	Tannenbaum	Kuchenteller	Vogelfutterhaus
Fahne	Eisenbahn	Regenmantel	Tannenbaumnadel
Feder	bewegen	wiedergeben	Eisenbahntunnel
Tanne	abgeben	runterfallen	Kinderzimmertür

2. Singen von Kinderliedern

Vorsingen und gemeinsam in die Hände klatschen. Dann immer einen Vers gemeinsam singen. Anschließend den Vers vom Kind allein singen lassen und zur Unterstützung mitklatschen.

„Hänschen klein …"
„Alle meine Entchen …"
„Laterne, Laterne …" usw.

(Die Wörter können falsch gesprochen werden. Es soll lediglich ein Sprachrhythmus erlebt werden.)

3. Einfache Redewendungen des täglichen Sprachgebrauchs

(Bei jeder Silbe klatschen. Vorsprechen und Nachsprechen.)

Guten Tag.	Ich möchte nicht.	Das ist schön.
Guten Morgen.	Ich möchte gern.	Das ist schlecht.
Guten Abend.	Ich habe Hunger.	Das tut weh.
Auf Wiedersehen.	Ich habe Durst.	Es ist kalt.
Bitte sehr.	Ich bin satt.	Es ist warm.
Danke schön.	Ich bin müde.	Ich möchte spielen.

4. Die Zweiwortverbindung ohne Satzmuster

Das Kind soll ein Ding und eine Eigenschaft gleichzeitig benennen. Verwenden Sie anschauliche Materialien wie Gegenstände, Bilder oder logische Mengenelemente (etwa die Elemente aus einem Mengenlehrekasten).

roter Kreis	großer Baum	langer Weg
blauer Kreis	kleiner Baum	kurzer Weg
grüner Kreis	dicker Baum	altes Auto
gelber Kreis	dünner Baum	neues Auto usw.

5. Der bestimmte Artikel (der, die, das)

Führen Sie für die Artikel farbige Symbole ein, die in der Folge nicht verändert werden dürfen, z.B.:

der = blau (der blaue Ball) 
die = rot (die rote Uhr) 
das = grün (das grüne Dach) 

Zeichnen Sie auf einen Pappkarton drei Felder, die Sie mit den Farbsymbolen versehen. Nehmen Sie eine Anzahl Bildkarten (Einzelbilder, „Bergedorfer Bilderbögen zur Sprecherziehung" von H. Müller), die das Kind auf das richtige Feld legen soll. Dabei wird das Wort mit dem Artikel gesprochen: „der Mond", „die Puppe", „das Pferd".

Üben Sie am Anfang mit wenigen Bildern (etwa 15). Vergrößern Sie die Zahl erst, wenn das Kind nur noch selten Fehler macht. Das Kind prägt sich den Artikel über die Farbsymbole und über das Sprechen ein.

Diese Übungsform lässt sich wie folgt abändern: Die Bildwortkarten werden auf der Rückseite mit den Farbsymbolen versehen. Das Kind benennt die Einzelkarte mit dem Artikel und dreht dann die Karte um. So kann es selbst kontrollieren, ob es den richtigen Artikel gebraucht hat.

Abbildung 5
Entnommen aus den „Bergedorfer Bilderbögen zur Sprecherziehung“ von H. Müller. Blatt 4/5 (1/2 natürliche Größe). Alle Begriffe bestehen aus Hauptwörtern in der Einzahl, so dass auch Übungen mit Artikeln sowie Mehrzahlbildungen möglich sind. Dargestellte Begriffe: das Brett, die Bremse, die Brezel, der Braten, der Bonbon, das Baby, der Hobel, die Eisenbahn, der Räuber, die Taube, das Kalb, der Korb.

6. Der unbestimmte Artikel (ein, eine, ein)

Es gibt nur zwei Wörter für die drei unbestimmten Artikel: „ein" für männliche und sächliche Hauptwörter (ein Ball, ein Kind), „eine" für weibliche Hauptwörter (eine Blume). Führen Sie folgende Farbsymbole ein.

ein = grünes Dreieck im blauen Kreis
eine = rotes Rechteck

Entsprechend den Beispielen für die Übungen mit der, die, das lässt sich auch der unbestimmte Artikel üben. Zeichnen Sie diesmal auf einen Bogen Pappe nur zwei Felder mit den entsprechenden Farbsymbolen und lassen Sie dann die Einzelbilder zuordnen.

Eine gute Möglichkeit besteht darin, einen Satz zu beginnen und ihn vom Kind beenden zu lassen:

Erzieher:	Kind:
„Das ist …	ein Hund."
„Das ist …	eine Fahne". usw.

7. Einfacher Aussagesatz mit Artikeln

Nach dem ständig gleich bleibenden Satzmuster „Das ist …" werden Körperteile, Kleidungsstücke, Wohnungsgegenstände, Spielfiguren, Bildkarten usw. benannt. Das Kind kann mit unbestimmtem oder bestimmtem Artikel die Benennung vornehmen:

„Das ist der Mund."
„Das ist die Hose."
„Das ist ein Reh."
„Das ist eine Banane" usw.

8. Einzahl und Mehrzahl

a) Mehrzahl der bestimmten Artikel

Benutzen Sie „Memory-Karten", da es dabei jede Karte doppelt gibt. Interessant finden Kinder es auch, wenn man eine Karte vor dem Spiegel „verdoppelt". Zeigen Sie zuerst ein Bild und sprechen Sie dabei: „die Biene". Zeigen Sie dann zwei gleiche Bilder und lassen Sie Ihr Kind sagen: „die Bienen". Am Anfang sprechen Sie die Mehrzahl noch vor. Bald wird Ihr Kind versuchen, diese Form allein zu bilden.

b) Die Mehrzahlform mit dem Wort „zwei" oder „viele"

Wenden Sie den einfachen Aussagesatz der Form „Das ist …" an. Zeigen Sie dann zwei Bilder. Das Kind soll die Satzform „Das sind zwei (viele) …" erlernen. Es muss das Wort „sind" und die Mehrzahl des Hauptworts gebrauchen.

Erzieher:	Kind:
„Das ist eine Puppe."	„Das sind zwei Puppen."
„Das ist ein Baum."	„Das sind zwei Bäume."
„Das ist eine Ente."	„Das sind viele Enten." usw.

c) Mehrzahlsätze

Ausgehend von unserem Wissen, dass dysgrammatisch sprechende Kinder das Zeitwort vorwiegend in der Grundform anwenden, bilden wir über längere

Zeit Satzmuster, die das Zeitwort in dieser Form verlangen. Die Mehrzahlbildung des Zeitwortes in der Gegenwart entspricht genau diesem Muster. Sie sprechen bei Vorlage eines Bildes den Einzahlsatz mit dem gebeugten Zeitwort und lassen das Kind bei Vorlage von zwei Bildern den Mehrzahlsatz ohne Beugung des Zeitwortes bilden:

Erzieher:	Kind:
„Der Vogel fliegt."	„Die Vögel fliegen."
„Die Frau geht."	„Die Frauen gehen."
„Das Kind spielt."	„Die Kinder spielen."
„Ein Hund bellt."	„Die Hunde bellen."
„Eine Maus piept."	„Die Mäuse piepen." usw.

9. Übungen mit dem Hilfszeitwort „können"

Das Kind drückt aus, was es selbst kann oder was andere können, und wendet folgende Satzformen an:

„Ich kann laufen (gehen, spielen, malen, bauen, usw.)"
„Du kannst springen (...)"
„Wir können singen (...)" usw.

Weitere Übungen ergeben sich, wenn das Kind folgende Fragen beantwortet:

Erzieher:	Kind:
„Was können Hunde?"	„Hunde können bellen."
„Was können Fische?"	„Fische können schwimmen."
„Was können Autos?"	„Autos können fahren." usw.

10. Einfache Aussagesätze mit Hilfszeitwörtern

Durch Vorsprechen und Nachsprechen, dann durch Antworten auf Fragen festigt das Kind folgende Satzmuster:

Erzieher:	Kind:
„Was ist die Kuh?"	„Die Kuh ist ein Tier."
„Was hat das Haus?"	„Das Haus hat ein Dach."
„Was kann der Drachen?"	„Der Drachen kann fliegen." usw.

11. Verneinung

Sie stellen falsche Behauptungen auf. Das Kind soll in einem Satz diese Behauptungen verneinen:

Erzieher:	Kind:
„Der Käfer kann bellen."	„Der Käfer kann nicht bellen."
„Der Frosch kann fliegen."	„Der Frosch kann nicht fliegen." usw.

12. Persönliche Fürwörter im Satz

a) Lassen Sie Körperteile und Gegenstände (oder Bildkarten) nach folgendem Muster benennen:
   „Ich habe eine Nase."
   „Ich habe einen Ball." usw.
b) Setzen Sie sich neben das Kind und lassen Sie die gleichen Dinge in der Mehrzahl benennen:
   „Wir haben Augen."
   „Wir haben zwei Pferde." usw.

c) Stellen Sie einen Teddy und eine Puppe auf einen Tisch. Ordnen Sie den Figuren verschiedene Bilder zu, um folgende Sätze zu bilden:
„Er hat eine Feder."
„Sie hat einen Reifen." usw.

d) Führen Sie mit den Figuren Tätigkeiten aus, die das Kind benennt:
„Du kannst malen."
„Du kannst springen." usw.

e) Führen Sie die Tätigkeiten mit dem Kind gemeinsam aus:
„Wir können kriechen."
„Wir können schneiden." usw.

13. Das Zeitwort in der 3. Person Einzahl in der Gegenwart

Die richtige Beugung des Zeitworts ist für das dysgrammatisch sprechende Kind wohl das schwierigste Problem. Die Einübung der Satzform in der 3. Person Einzahl bedarf in vielen Fällen einer besonders intensiven und auch langwierigen Übungsphase.

„Das Auto fährt" – „Der Ball rollt." – „Das Kind malt."

Satzserien:

„Die Mutter lacht." – „Der Vater lacht." – „Das Kind lacht."
„Der Junge lacht." – „Die Oma lacht." usw.

14. Die 3. Person Einzahl und Verhältniswörter

Stellen Sie eine Schachtel auf den Tisch. Nun können Sie eine Puppe in (vor, hinter, neben, auf, unter) die Schachtel legen (stellen, setzen). Das Kind bildet die entsprechenden Sätze:

„Die Puppe liegt in der Schachtel."
„Die Puppe steht vor der Schachtel." usw.

15. Das Zeitwort in der Vergangenheit

Dieses schwierige Satzbauproblem üben Sie zuerst über das tätige Handeln ein. Sie erteilen Aufträge, die das Kind ausführt und sprachlich nach folgendem Muster begleitet:

Erzieher:	Kind:
„Mach die Tür auf."	„Ich habe die Tür aufgemacht."
„Male einen Kreis."	„Ich habe einen Kreis gemalt."
„Leg den Würfel in die Dose."	„Ich habe den Würfel in die Dose gelegt." usw.

Spielen Sie mit dem Kind „Memory", wobei folgendes Satzmuster zur Spielregel gehört:

„Ich suche einen Baum." – „Ich habe (leider) ein Boot gefunden."
„Ich suche eine Sonne." – „Ich habe (leider) ein Blatt gefunden." usw.

6.3. Die Behandlung des Stotterns

Im Kapitel 4.3. haben wir gezeigt, dass es verschiedene Formen des Stotterns gibt. Auch unter praktizierenden Sprachtherapeuten bestehen über die Ursachen des Stotterns voneinander abweichende Meinungen. Der Therapeut wird die Behandlungsmethode nach seiner Sichtweise des Problems ausrichten. Sofern er von seiner Methode überzeugt ist, werden Erfolge nicht ausbleiben. Der Erfolg ist nicht nur von der Methode, sondern im starken Maße von der Fähigkeit abhängig, eine Methode gut zu handhaben. Damit erklärt sich auch, dass von Therapeuten mit ganz unterschiedlichen methodischen Ansätzen Erfolge bei der Stottertherapie gemeldet werden.
Bekannte ***Behandlungsmethoden*** sind:
1. Medizinische Verfahren
Medikamente,
Kuren usw.
2. Psychologische Verfahren
Spieltherapie,
Gesprächstherapie,
Verhaltenstherapie,
Psychoanalyse usw.
3. Sprachtherapeutische Verfahren
Entspannungsübungen,
Sprechatmungsübungen,
musikalisch-rhythmische Übungen,
Übungen für einen weichen Stimmeinsatz,
Betonung des Sprechtakts und der Sprechmelodie,
gebundenes Sprechen, Denksprechen, Versesprechen,
Üben des freien Sprechens usw.
Im Zusammenhang mit dieser Schrift interessieren uns Verfahren, die sich auch für jüngere Kinder eignen. Da für die Beurteilung medizinischer und psychologischer Verfahren andere Fachleute zuständig sind, möchte ich darauf nicht besonders eingehen. Spezielle sprachtherapeutische Übungen nach der Methode von Erwin Richter (zusammengestellt von Wertenbroch) sind in dieser Schriftenreihe (Bergedorfer Förderprogramme 3) erschienen (siehe Literaturverzeichnis).
Ich möchte hier einige wenige Übungen für Kinder aufzeigen:

- ☐ Bei schwerem Stottern klatscht das Kind bei den Sprechübungen zuerst jede Silbe mit den Händen. Danach lernt es im Sprechtakt des Satzes zu sprechen und zu klatschen.
- ☐ Auf einen großen Papierbogen malen wir eine liegende 8. Das Kind fährt mit einem Wachsmalstift die 8 entlang und spricht dabei kleine Sätze oder Reime.
- ☐ Wenn die Malschwünge gut beherrscht werden, sollen sie in der Luft ausgeführt werden. Bei diesen Wellenbewegungen spricht das Kind im gleichen Takt.

- ☐ Zur Einübung eines weichen Stimmeinsatzes werden Wortlisten erstellt, die mit dem h-Laut beginnen. Es folgen Wörter und kleine Übungssätze mit Vokalen im Anlaut.
- ☐ Als Sprachübungsmaterial werden Kinderlieder, Kinderverse, Abzählreime und Spiellieder eingesetzt, die sich rhythmisch und melodisch sprechen lassen.

Besondere sprachtherapeutische Verfahren, wie Entspannungs- und Atemübungen, dürfen nur unter Anleitung durchgeführt werden. Ich beschränke mich daher auf einige allgemeine Hinweise zum Umgang mit dem stotternden Kind:

1. Handeln und nicht abwarten

Wenn Ihr Kind stottert, sollten Sie sich an Ihren Hausarzt, Facharzt oder das zuständige Gesundheitsamt wenden, um sich einen Sprachtherapeuten benennen zu lassen. Da Stottern die einzige Sprachstörung ist, die sich im Laufe der Jahre verschlimmern kann, bedeutet ein Nichtstun unter Umständen die Inkaufnahme der Verstärkung der Störung.

2. Ruhe ausstrahlen

Bleiben Sie in Gegenwart Ihres Kindes immer ruhig und beherrscht. Hektik, Unzufriedenheit, Herumkommandieren, Erregungen, Streitereien und Nervosität sind ein fruchtbarer Boden für die Verstärkung des Stotterns. Verhaltensweisen, die Sie selbst nicht aufbringen, können Sie noch viel weniger von Ihrem Kind erwarten.

3. Das „Stottern“ bei der kindlichen Sprache nicht beachten

Verwenden Sie den Ausdruck „Stottern“ niemals in Gegenwart Ihres Kindes. Sprechen Sie auch mit dem Kind nie über seine Sprachauffälligkeit. Behandeln Sie Ihr Kind nicht als ein sprachbehindertes, sondern als ein Kind wie jedes andere. Das Kind darf nicht in eine besondere Position gerückt werden.

4. Sprachliches Vorbild sein

Sprechen Sie mit Ihrem Kind immer in ruhiger und natürlicher Art. Lassen Sie Ihrem Kind Zeit zum Sprechen und nehmen Sie sich die Zeit zum Zuhören. Wenn Sie bemerken, dass Ihr Kind unsicher ist, nehmen Sie darauf Rücksicht. Falls Sie z.B. bei einer Fragestellung eine aufkommende Sprachunsicherheit beim Kind verspüren, wiederholen Sie die Frage rücksichtsvoll in anderer Form. So gewinnt Ihr Kind Zeit zur inneren Sammlung und zur Formulierung der Antwort.

5. Ausgeglichene Erziehungshaltung

Man soll das Kind weder durch zu strenge Erziehung unterdrücken noch durch übertriebene Fürsorge verhätscheln. Noch schlechter ist es, wenn man einmal so und das andere Mal so (launisch) reagiert. Das Kind empfindet es gleichermaßen als launische Reaktion, wenn zwei Elternteile gegeneinander erziehen.

6. Keinen falschen Ehrgeiz zugrunde legen

Manche Erzieher (insbesondere Väter) wollen aus dem Kind das machen, was sie selbst nicht geworden sind, aber gerne wären. Wenn auf ein stotterndes Kind aus falschem Ehrgeiz ständig Druck ausgeübt wird, ist die Folge in fast allen Fällen eine Verstärkung des Stottersyndroms.

7. Die „Schuldfrage“ verwerfen
Bei der Frage nach der Ursache des Stotterns verfallen manche Eltern in den schweren Fehler, sich selbst als Schuldige zu betrachten. Wenn Sie sich selbst mit der völlig unangebrachten Grübelei über eine persönliche Mitschuld für das Stottern Ihres Kindes herumplagen, verunsichern Sie sich unnötigerweise und verstärken damit ungewollt die Unsicherheit Ihres Kindes.

6.4 Die Behandlung des Polterns

Wir müssen davon ausgehen, dass sich das Kind seiner polternden Sprechweise nicht bewusst ist. Beim Poltern kommt noch hinzu, dass selbst Personen aus der näheren Umgebung des Kindes die überhastete, undeutliche Sprechweise oft gar nicht als Sprachstörung registrieren. Am Anfang der Therapie steht daher eine intensive Aufklärung und Beratung. Anhand von Tonbandaufnahmen der Spontansprache des Kindes werden die Sprecheigentümlichkeiten erklärt. Die Erzieher sollten dann durch eigenes sprachliches Vorbild das Kind zu einer verständlichen Redeweise anregen. Hinweise müssen dem Kind immer einfühlsam gegeben werden, da grobe Ermahnungen das polternde Kind derart verunsichern können, dass sich zum Poltern weitere Störungen gesellen.
Das Verstümmeln von Wörtern („Pullover“ = „Plover“, „Kragen“ = „Kran“) lässt sich durch Artikulationsübungen behandeln. Es können mehrsilbige Wörter („Regenbogen“, „Königskranich“ usw.) in einer Tabelle gesammelt werden. Diese Wörter werden dem Kind vorgesprochen. Das Kind spricht sie nach und klatscht dabei rhythmisch die Silben. So lernt es genaues Artikulieren und das Sprechtempo zu regulieren.
Anschließend werden in ähnlicher Form kleine Sätze gesprochen. Man kann dafür die systematischen Satzbauübungen aus dem Dysgrammatikertraining entlehnen. Zur Regulierung des Redetempos kann wiederum rhythmisch geklatscht oder geklopft werden. Das rhythmische Sprechen erzeugt eine Verlangsamung der sonst überhasteten Sprechweise.
Gelingt diese Sprechweise schon gut, wird sie in ein gebundenes fließendes Sprechen übergeleitet. Dafür eignen sich besonders Abzählreime und Kinderverse. Die Verse werden melodisch gesprochen. Die wichtigsten Wörter werden betont. Die Sprechmelodie verläuft wellenförmig. Das kann auch durch begleitende Handbewegungen verstärkt werden. In dieser Phase entspricht die Poltererbehandlung ziemlich genau der Sprachübungsbehandlung beim Stotterer.
Das durch Vorsprechen und Versesprechen gebundene Sprechtempo muss nun in die Spontansprache überführt werden. Das geschieht zuerst mit Hilfe von Spielen und Bildergeschichten. Im Spieleifer werden sich anfangs noch oft Poltersymptome zeigen. Das Kind kann dann aufgefordert werden, den Satz nach dem ihm schon geläufigen rhythmischen Sprechen noch einmal zu bilden.

Über sprachlich offen gestaltete Spiele („Einkaufen“, „Kaspertheater“, „Rollenspiele“ usw.) muss die erlernte Sprechfähigkeit weiter gefestigt werden.

Verfügt das Kind über eine gut entwickelte geistige und soziale Reife (normal entwickelte Kinder im Schulbesuchsalter), kann auch versucht werden, über die Einsicht die Verbesserung der Sprechfähigkeit zu erreichen. Anhand von Tonbandaufzeichnungen werden die Sprechfehler erklärt. Aufzeichnungen der Sprache von anderen polternden Kindern werden vorgespielt. Dem Kind wird erklärt, dass es niemals für sich selbst, sondern immer für andere spricht. Das Appellieren an die persönliche Einsicht darf aber nicht in einen Vorwurf münden.

6.5. Die Behandlung des Näselns

6.5.1 Die Behandlung des geschlossenen Näselns

Das geschlossene Näseln besteht in der gar nicht oder nur teilweise vorhandenen Nasenatmung. Die Nasallaute m, n, ng werden falsch gebildet, die Sprache klingt verschnupft. Die Therapie bezieht sich folgerichtig in erster Linie auf die Korrektur der Nasenatmung. An zweiter Stelle stehen Artikulationsübungen der Nasallaute. Diese Übungen können aus dem Kapitel 6.1.4. entnommen werden. Für die Verbesserung der Atmung durch die Nase sind folgende Übungen hilfreich:

a) Bei geschlossenem Mund durch die Nase ein- und ausatmen.
b) Nur durch das rechte, dann durch das linke Nasenloch ein- und ausatmen.
c) Durch den Mund einatmen, durch die Nase ausatmen und umgekehrt.
d) Die Nasenatmung durch das Beschlagen eines Spiegels zeigen.
e) Die Nasenatmung durch Atmen in die hohle Hand empfinden.
f) Blaseübungen durch die Nase: Wegblasen von Federn, Wattekugeln usw.
g) Anhaltende Summübungen auf m, n, ng durchführen.
h) Kinderlieder auf m summen.
i) Lautierübungen in Verbindung mit m: am, im, em, om, um, ma, mi, me, mo, mu, mama, mimi, usw.

6.5.2. Die Behandlung des offenen Näselns

Beim offenen Näseln wird die Sprechatmung dauernd durch die Nase geleitet. (Normalerweise geschieht das nur bei den Lauten m, n, ng.) Ist die Ursache eine L-K-G-Spalte, so sollte sich das Kind ohnehin von Beginn an in medizinischer und damit verbundener sprachtherapeutischer Betreuung befinden. Wir müssen davon absehen, diese Behandlung in einem eigenen Kapitel zu beschreiben. Die Unterstützung der Arbeit des Sprachtherapeuten durch Eltern zur Behebung des offenen Näselns ist in Fällen ohne und mit L-K-G-Spalte ähnlich. Sie darf auf jeden Fall nur unter fachmännischer Anleitung erfolgen.

a) Übungen zur Verbesserung der Motorik der Sprechorgane. Es sind möglichst täglich kleine Übungen durchzuführen, die die Lippen-, Zungen-, Kiefer- und Gaumensegelbeweglichkeit verbessern. Solche Vorschläge sind im Kapitel 5.3. dieser Schrift zusammengefasst.

b) Zur Kräftigung und Lenkung der Sprechatmung durch den Mund sollen Puste- und Blaseübungen in spielerischer Form geübt werden: Federn, Wattekugeln, Styroporkugeln werden über den Tisch gepustet. Das Kind erhält ständig als Spielzeug Windmühlen, Luftballons, Lassopfeifen, Flöten und andere kleine Blasmusikinstrumente.

c) Atemführung und Sprechmotorik werden über besondere Lautbildungsübungen verbessert. Es bieten sich zuerst die nicht gestörten Selbstlaute und Nasallaute für Sprechübungen an:
- Vokalübergänge: a ... i, a ... u, a ... o, a ... e, ...
- Vokalübergänge mit m: ma ... i, ma ... u, ...
- Silben mit m: ma ... ma, ma ... mi, ma ... mu, ...
- Hauchlaut h: ha ... ha, ha ... ho, ha ... he, ...

Weitere Hilfen kann man den „Übungsblättern zur Sprachbehandlung“, Folge 8, von J. und H. Wulff entnehmen.

d) Artikulationsübungen der gestörten Lautbildung. In vielen Fällen empfiehlt es sich, die Laute in folgender Reihenfolge anzubilden oder zu korrigieren: p/b, t/d, k/g, s/sch und Konsonantenverbindungen. Anleitungen hierfür finden Sie im Kapitel 6.1. dieser Schrift.

7. Prüfverfahren zur Erfassung von Sprachstörungen in Kindergärten, Schuleingangsstufen, sonderpädagogischen und sprachtherapeutischen Institutionen

Prüfer: .... Datum: ....
Anlass der Überprüfung: ....
Name des Kindes: .... geb.: ....
Name des Vaters: .... Beruf: .... geb.: ....
Name der Mutter: .... Beruf: .... geb.: ....
Anschrift der/des Erziehungsberechtigten: ....
Meldende Stelle: ....
Hausarzt/Krankenkasse: ....
Stellung in der Geschwisterreihe: ....
Bisherige Maßnahmen/Gutachten: ....

I. Ergebnisse der Untersuchung

1. Allgemeine Entwicklungsreife (Anamnese und eigene Beobachtungen)

....

....

2. Sprachliche Fähigkeiten

2.1. Sprachliche Auffälligkeiten (Grobüberprüfung)

☐ nein ☐ ja

2.2. Lautbildungsfehler ....
2.3. Dysgrammatismus ....
2.4. Stottern ....
2.5. Poltern ....
2.6. Näseln ....
2.7. Stimmstörungen ....
2.8. Andere Formen von Sprachauffälligkeiten ....
2.8.1. Sprechangst ....
2.8.2. Sprechunfähigkeit ....
2.8.3. Sonstiges ....

3. Zustand der Sprechorgane ....

....

4. Hörstörungen ....

5. Sensomotorische Reifeentwicklung	unauffällig	auffällig
5.1. optische Differenzierung		
5.2. phonematische Differenzierung		
5.3. kinästhetische Differenzierung		
5.4. rhythmische Differenzierung		
5.5. motorische Koordination		

6. Verhalten (Angaben der Erzieher und eigene Beobachtungen)

....

7. Notwendige Fördermaßnahmen und Vorschlag:

....

....

Unterschrift

II. Durchführung der Untersuchung

1. Anamnese (Angaben zur Entwicklung des Kindes)

1\. 1. Verlief die Schwangerschaft/die Geburt des Kindes normal?

1\. 2. Gab es im 1./ bis zum 3. Lebensjahr Auffälligkeiten?

1\. 3. Wann hat das Kind laufen/sprechen gelernt?

1\. 4. Ist das Kind zu einem bestimmten Zeitpunkt sprachlich auffällig geworden?

1\. 5. Gab es besondere Vorkommnisse, die eine Sprachauffälligkeit verursacht haben könnten?

1\. 6. Gibt es in der Familie oder näheren Verwandtschaft Personen mit Sprachauffälligkeiten?

1\. 7. Wer war und wer ist der Haupterzieher des Kindes?

1\. 8. Wo liegen die besonderen Fähigkeiten und wo die Schwächen des Kindes?

1\. 9. Ist das Kind eher lebhaft oder eher still?

1.10. Sind bisher schon besondere Fördermaßnahmen durchgeführt worden?

1.11. Welche Maßnahmen werden jetzt erwünscht bzw. abgelehnt?

2. Sprachliche Fähigkeiten

2.1. Grobüberprüfung sprachlicher Fähigkeiten
(Anmerkung: Eine vorläufige Grobüberprüfung bietet sich an, um aus einer Gruppe von Kindern, etwa in einem Kindergarten oder einer Vorklasse, die Kinder auszulesen, die einer weiteren Überprüfung zugeführt werden sollen. Die folgenden Sätze werden vorgesprochen und vom Kind nachgesprochen. Lautbildungsfehler und Wortumstellungen im Satz oder andere Sprachauffälligkeiten werden registriert.)

2.1.1. Prüfsätze

1.	Ich habe einen bunten Vogel.	(ch, h, b, v, g,)
2.	Das Telefon klingelt laut.	(d, t, kl, ng, l,)
3.	Peter hat einen grünen Roller.	(p, n, gr, r,)
4.	Karin sitzt auf der Fensterbank.	(k, s, tz, st, nk,)
5.	Uschi trinkt mit dem Strohhalm Brause.	(sch, tr, str, br,)
6.	Eins, zwei, drei, vier, fünf, sechs.	(zw, dr, nf, s, chs,)

2.1.2. Vorläufige Beobachtungen

a) Das Kind zeigt keine Sprachauffälligkeit: . . . .

b) Das Kind spricht Laute falsch: . . . .

c) Das Kind spricht Sätze falsch: . . . .

d) Sonstige Sprachauffälligkeit: . . . .

2.2. Überprüfung der Einzellaute

(Anweisung: Sprechen Sie jedes Wort einzeln vor und lassen Sie es nachsprechen. Kreisen Sie die fehlerhaft gebildeten Laute und Lautverbindungen ein. Notieren Sie die falsch gesprochenen Wörter so, wie sie vom Kind gebildet worden sind.)

b	Ball – oben	h	Haus – Uhu . . . .
bl	Blume	j	Junge . . . .
br	Brot	ch_1	Becher – ich . . . .
p	Pudel – Papa – piep	ch_2	Kuchen – Dach . . . .
pl	platt	s	Sonne – Esel . . . .
pr	prima	ss	Tasse – Fuß . . . .
pf	Pferd – Apfel – Kopf	sp	Wespe . . . .
pfl	pflücken	st	pusten – Nest . . . .
d	Daumen – Feder	z	Zimmer . . . .
dr	drei	tz	Mütze . . . .
t	Tanne – Auto – Hut	zw	zwei . . . .
tr	Treppe	sch	Schuh – Tasche – Fisch . . . . . .
w	Wagen – Uwe	schl	Schlitten . . . .
wr	Wrack	schm	schmecken . . . .
f	Fahne – Ofen – auf	schn	Schnee . . . .
fl	Flieder	schr	schreiben . . . .
fr	Frau	scht	Stuhl . . . .
m	Mann – Oma – Baum	schw	Schwein . . . .
n	Nadel – Tonne – fein	schp	Spiegel . . . .
ng	Engel – eng	schpr	sprechen . . . .
nk	Onkel – Bank	schtr	Straße . . . .
g	Gabel – Auge		
gl	Glas	Selbstlaute und Umlaute:	
gr	grün	a – e – i – o – u	
gn	gnädig	ä – ö – ü	
k	Kamm – Haken – dick	au – ei – eu	
kl	Kleid		
kr	Kran		
kn	Knie	Endungen:	
ks	Xaver – Hexe – Max	läuft – fünf – Kampf – backt	
kw	Quelle	. . . .	
l	Laden – Teller – voll	Elch – Hirsch – Storch – denkt	
r	Roller – Lehrer – Tier	. . . .	

2.3. Überprüfung auf Satzbildungsfehler (Dysgrammatismus)

2.3.1. Nachsprechen von Sätzen
2 Wörter: Peter malt. . . . .
3 Wörter: Ich male Bilder. . . . .
4 Wörter: Der Hund bellt laut. . . . .
5 Wörter: Das Pferd kann schnell laufen. . . . .
6 Wörter: Ich habe gestern ein Bild gemalt. . . . .
7 Wörter: Wenn die Sonne scheint, gehen wir baden. . . . .

2.3.2. Nacherzählen einer Geschichte
„Das Auto fährt auf der Straße. Die Ampel zeigt rot. Der Autofahrer bremst. Das Auto bleibt stehen. Jetzt gehen die Kinder über die Straße. Die Kinder haben gut aufgepasst."
Protokoll: . . . .
. . . .
. . . .

2.3.3. Freies Sprechen
„Erzähle, was du gern spielst" oder „Erzähle, was du im Fernsehen gesehen hast" o.Ä.
Protokollnotizen: . . . .
. . . .
. . . .

2.3.4. Ergebnis (Kreuzen Sie die zutreffenden Punkte an.)
O Wortanzahl beim Sätzenachsprechen: ...
O Wortanzahl im Satz beim freien Sprechen: ...
O Gebrauch falscher Artikel.
O Gebrauch falscher Hauptwortformen.
O Gebrauch falscher Zeitwortformen.
O Wortumstellungen im Satz.
O Totale Verstümmelung des Satzes.
O Unverständliche Sprache.

2.4. Stottern
O Das Kind wiederholt Laute oder Wörter.
O Das Kind zieht Selbstlaute in die Länge.
O Das Kind bleibt beim Sprechen verkrampft stecken.
O Das Kind unterbricht die Rede und sucht nach einem Wort.
O Das Kind kann manchmal nicht mehr weitersprechen.

2.5. Poltern
O Das Kind lässt Wortendungen aus und spricht undeutlich.
O Das Kind überschlägt Wörter oder lässt ganze Satzteile aus.
O Das Kind spricht schnell und überhastet.

2.6. Näseln

O Die Sprechluft entweicht vorwiegend durch die Nase.
O Die Nase scheint verschlossen, die Stimme klingt verschnupft.
O Die Sprechluft entweicht durch die Nase und gleichzeitig klingt die Stimme verschnupft.

2.7. Stimmstörungen
Die Stimme klingt:

O heiser
O verhaucht
O rau
O abgehackt

2.8. Andere Formen von Sprachauffälligkeiten

2.8.1. Sprechangst ☐ nein .... ☐ ja ....
2.8.2. Sprechunfähigkeit ☐ nein .... ☐ ja ....
2.8.3. Sonstiges ☐ nein .... ☐ ja ....
O Folgende weitere Befunde sind bekannt: ....
O Folgende andere Sprachauffälligkeiten wurden beobachtet:
....

3. Sprechorgane (sichtbarer Zustand oder Angaben der Erzieher)

O Lippen-Kiefer-Gaumenspalte.
O Lippen- oder Zungendefekte.
O Verminderte Lippenbeweglichkeit.
O Auffällige Zungenbewegungen.
O Das Kind befindet sich im Zahnwechsel.
O Schlechte Kieferbeweglichkeit.
O Das Kind hat Kieferschäden oder Abweichungen in der Zahnstellung:
O Überbiss O Unterbiss O offener Biss

4. Hörstörungen

O Das Kind leidet unter folgender ärztlich festgestellter Hörstörung:
....
O Es besteht der Verdacht auf eine Hörstörung, da bestimmte Töne oder Flüstersprache schlecht wahrgenommen werden.

5. Sensomotorische Reifeentwicklung

Vorbemerkung:
Dieses Verfahren erhebt nicht den Anspruch eines Tests, sondern dient lediglich einer Grobüberprüfung. Die einzelnen Falschlösungen können Hinweise auf bestimmte Teilleistungsschwächen geben. Ein überwiegendes Versagen bei allen Aufgaben lässt eine Entwicklungsbehinderung vermuten, die weitere Untersuchungen notwendig macht. Die Überprüfung ist für 5- bis 6-jährige Kinder geeignet. Kinder, die in einem Unterbereich 0 oder 1 Fehler machen, bezeichnen wir als unauffällig. Kinder, die in einem Unterbereich 2 oder mehr Fehler machen, sind in diesem Bereich auffällig. Im letzteren Fall darf eine weiter gehende Interpretation und Untersuchung nur von Fachleuten durchgeführt werden.

5.1. Optische Differenzierung

Anzahl der falschen Lösungen

5.1.1. Grundfarben erkennen (Material: Mengenplättchen)

1.) schwarz ☐ 2.) weiß ☐ 3.) rot ☐ 4.) blau ☐ 5.) grün ☐ 6.) gelb ☐ ☐

5.1.2. Nachbauen von Würfelmustern (Material: Gleiche Quadrate aus einem Mengenkasten oder selbst gefertigte Quadrate aus Pappe von etwa 3 cm mal 3 cm)

Anweisung: Die Muster werden dem Kind seitenrichtig zu seinem Gesicht vorgebaut. Das Kind soll die Muster genauso nachbauen. Die Art der Falschlösungen wird im Protokoll notiert.

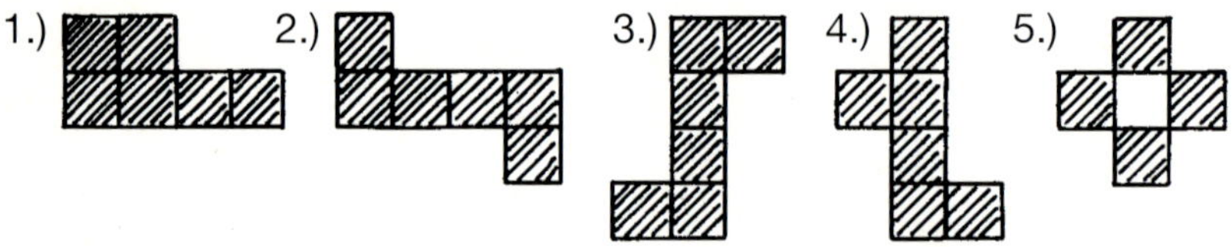

☐

5.1.3. Nachzeichnen von Symbolen

(Auf dieser Seite auszuführen.)

a) Seitenorientierung

b) Lageveränderung von Linien

c) Flächenumrisse

Anzahl der falschen Lösungen

a)

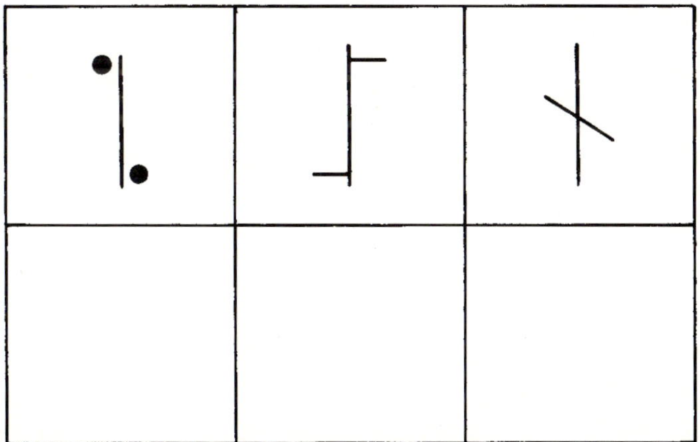

b)

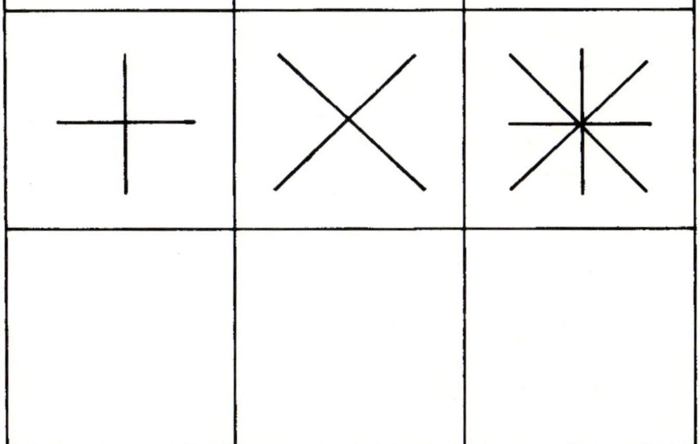

c)

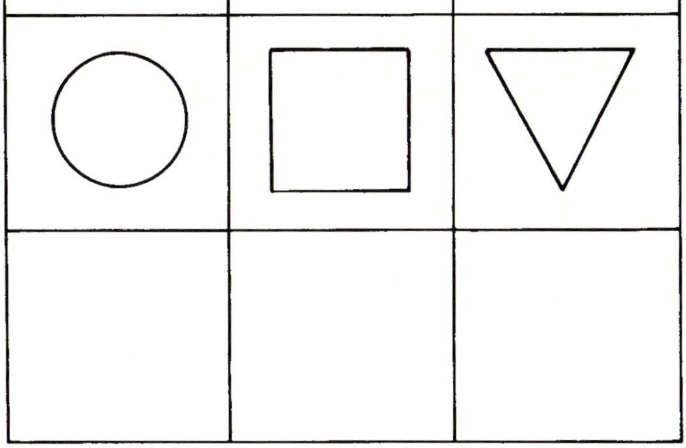

5.2. Phonematische Differenzierung

Anzahl der falschen Lösungen

Anweisung: Sprechen Sie jeweils zwei Wörter deutlich vor, doch so, dass das Kind beim Sprechen nicht vom Mund ablesen kann. Sie können sich hinter das Kind stellen oder den Mund mit der Hand verdecken. Das Kind soll nach einmaligem Vorsprechen beide Wörter hintereinander richtig sprechen.

1 Tasse	–	Kasse	6 Drachen	–	krachen
2 Kanne	–	Tanne	7 krank	–	trank
3 Nadel	–	Nagel	8 Tasse	–	Tasche
4 Kamm	–	Kahn	9 Busch	–	Bus
5 Tatze	–	Katze	10 Fisch	–	Schiff

☐

5.3. Kinästhetische Differenzierung

Anweisung: Sprechen Sie die folgenden Wörter dem Kind sehr deutlich zweimal vor. Bitten Sie das Kind, genau auf Ihren Mund zu schauen. Macht das Kind einen Fehler, dürfen Sie das Wort noch einmal wiederholen. Notieren Sie die falsch gesprochenen Wörter.

1 telefonieren	4 Argentinien
2 Lokomotive	5 Aluminium
3 Zifferblatt	6 Fernsehapparat

☐

5.4. Rhythmische Differenzierung

Anweisung: Sie verbergen Ihre Hände unter dem Tisch und klatschen dem Kind einen Takt einmal vor. Das Kind soll im gleichen Rhythmus nachklatschen. Damit das Kind die Aufgabe richtig versteht, üben Sie zuerst einen Rhythmus, der nicht gewertet wird.

Probe: . – . – (. ist unbetont, – ist betont)

1 . . . –   3 . . – .

2 . – . .   4 – . . .

☐

5.5. Motorische Koordination

Anweisung: Sagen Sie zum Kind Folgendes: „Schau mal, was ich kann. Das kannst du sicher auch schon. Ich mache es dir einmal vor. Versuch doch mal, ob du das auch kannst.“

1. Nacheinander mit allen Fingern den Daumen berühren. Erst mit der rechten, dann mit der linken Hand.
2. Gleichzeitig mit der Hand auf den Tisch klopfen und mit dem Fuß der gleichen Seite auf den Boden stampfen.
   Erst rechts, dann links.
3. 10 Sekunden auf den Zehenspitzen stehen, ohne mit den Armen zu rudern.

4. 10 Sekunden auf einem Bein stehen. Erst rechts, dann links.

5. Rückwärts gehen. Jeweils die Fußspitze genau hinter die Ferse setzen. Nicht im Zickzack gehen.

Anzahl der falschen Lösungen

☐

. . . .

6. Verhaltensbeobachtungen während der Überprüfung

7. Notwendige Fördermaßnahmen und Vorschlag

. . . .

(Unterschrift)

8. Lautprüfverfahren mit Bildern

Zusammengestellt aus Einzelbildern der „Bergedorfer Bilderbögen zur Sprecherziehung“ von H. Müller. (Die zu überprüfenden Laute bzw. Lautverbindungen sind fett gedruckt.)

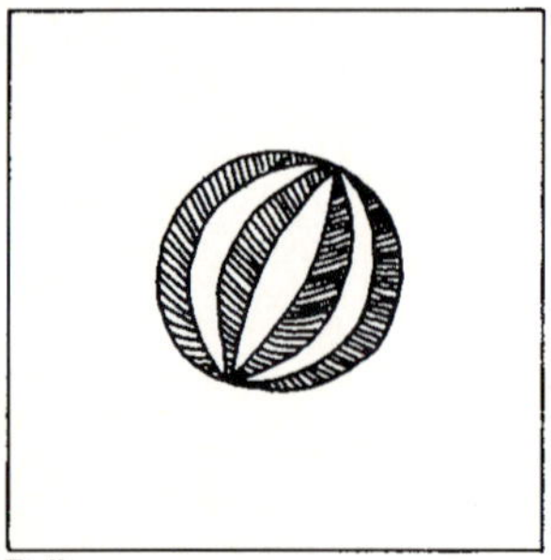

Ba**ll**

Bie**n**e

Blu**m**e

Bri**ll**e

Tafel

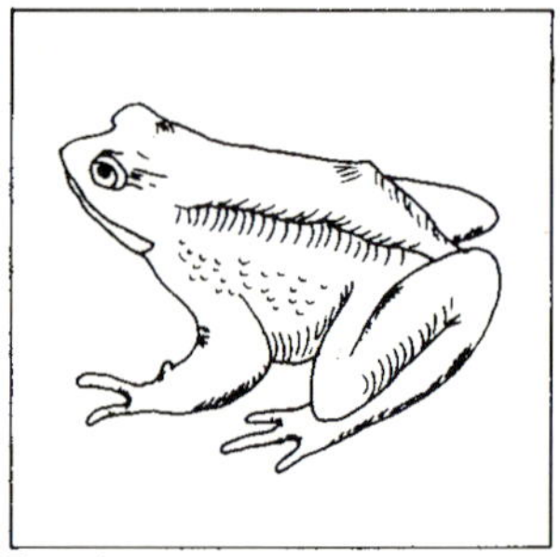

Fro**sch**

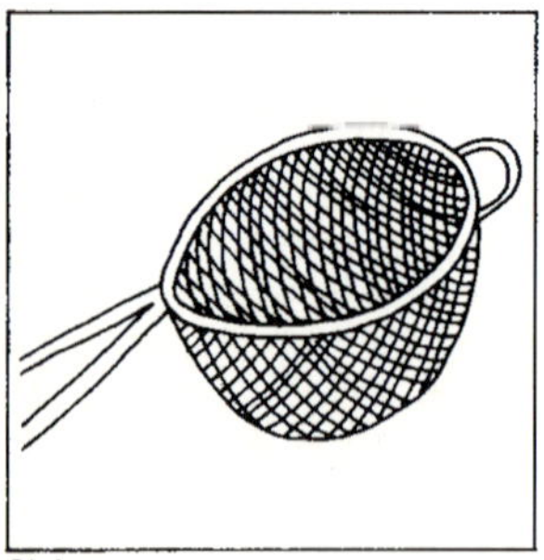

Sie**b**

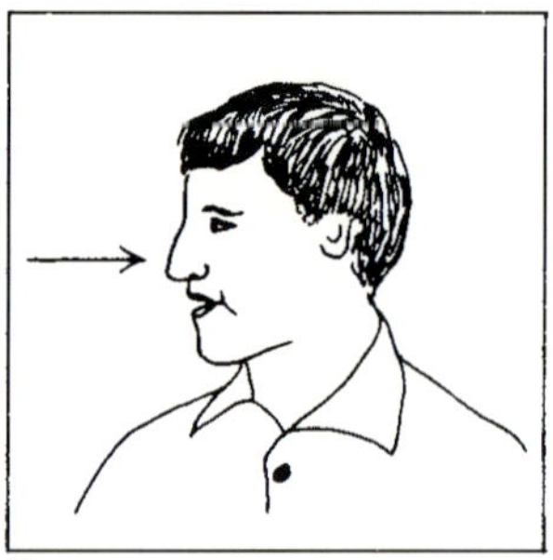

Nase

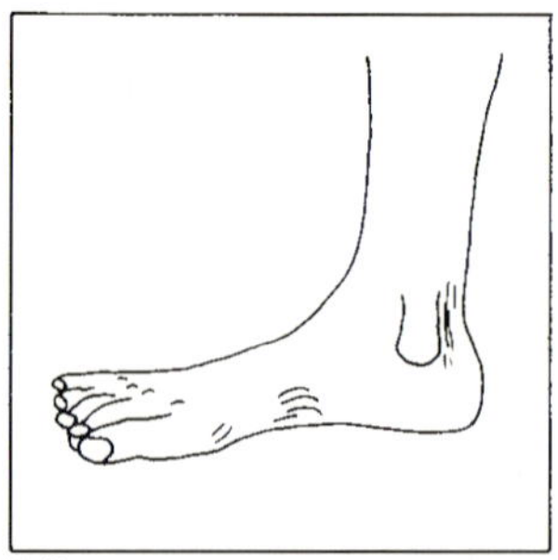

Fu**ß**

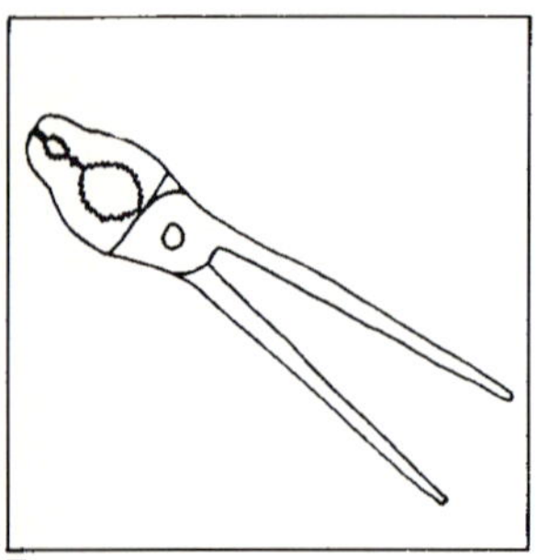

Za**ng**e

Zwe**rg**

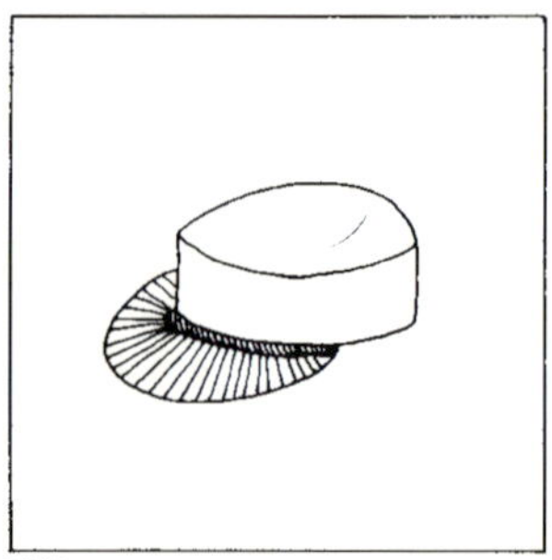

Mü**tz**e

Schuh

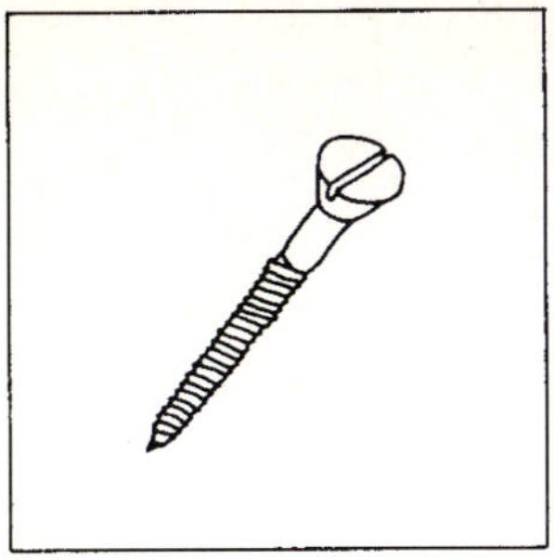
Schrau**b**e

Schwe**in**

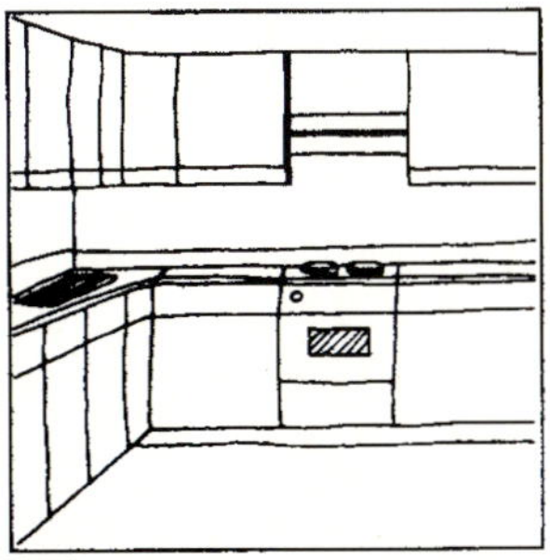
Kü**ch**e

Kla**mm**er

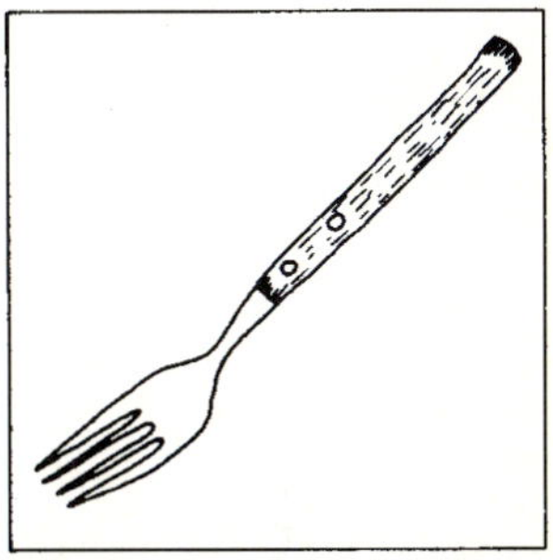
Ga**bel**

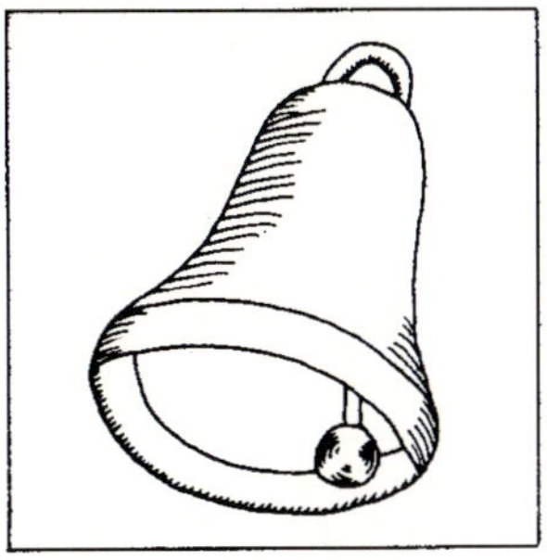
Glo**ck**e

Grill

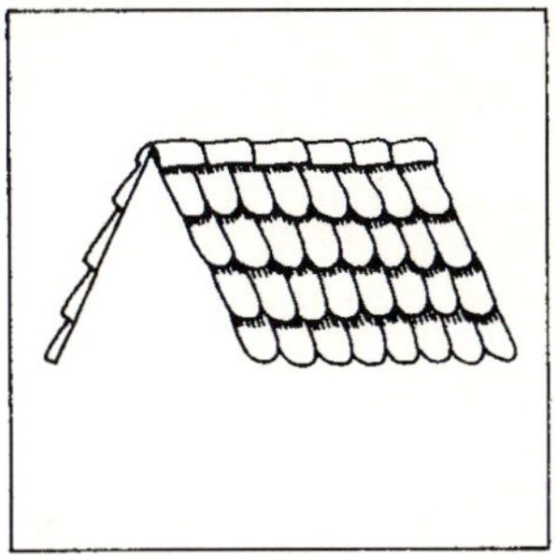
Da**ch**

Dra**ch**e**n**

Ri**ng**

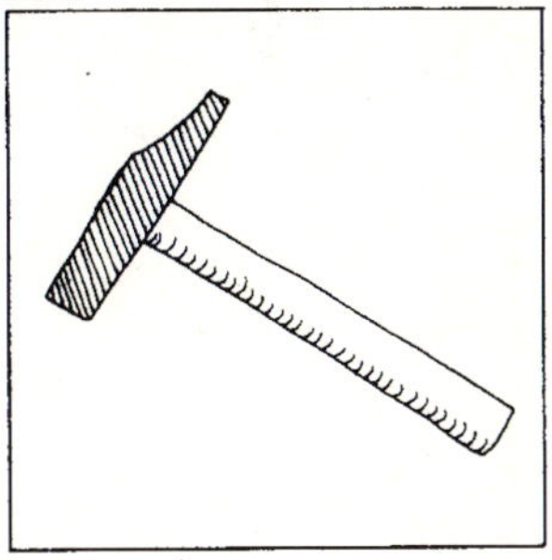
Ha**mm**er

Zur genaueren Überprüfung einzelner Laute oder Lautverbindungen ist auch eine andere und umfangreichere Auswahl möglich.

9. Literaturverzeichnis

Atzesberger, M.: Sprachaufbauhilfe bei geistig behinderten Kindern. Berlin 1967.

Baumgartner, S./Füssenich, I. (Hrsg.): Sprachtherapie mit Kindern. München, Basel 1992

Becker, K.-P.; Sovák, M.: Lehrbuch der Logopädie, Berlin 1971.

Blöcher, Elisabeth: Beziehung zwischen Kieferanomalie, Sprachstörung und Leserechtschreibschwäche unter dem Aspekt einer motorischen Dysfunktion. Die Sprachheilarbeit 23 (1978) 121–132.

Böhme, G.: Stimm-, Sprech- und Sprachstörungen. Stuttgart 1974.

Breuer, H.; Weuffen, Maria: Gut vorbereitet auf das Lesen- und Schreibenlernen? Berlin 1977.

Brügelmann, H.: Kinder auf dem Weg zur Schrift. Eine Fibel für Lehrer und Laien. Konstanz 1986.

Bush, W.J.; Giles, M.T.: Psycholinguistischer Sprachunterricht. München 1976.

Eisenberger, Erna; Eistner, W.: Wir wollen gute Sätze bauen. Wien 1975.

Führing, M.; Lettmayer, 0.: Die Sprachfehler des Kindes und ihre Beseitigung. Wien 1970.

Grunwald, A.: Spieltherapie versus Verhaltenstherapie bei der Sprachtherapie geistig behinderter Kinder. Die Sprachheilarbeit 21 (1976) 153–158.

Grunwald, A.: Bericht und Tonbandprotokoll über den Fall einer schweren Sprachbehinderung. Die Sprachheilarbeit 21 (1976) 53–57.

Grunwald, A.: Dysgrammatismus im Jugendalter – Fallstudie mit Gesprächsprotokoll als Längsschnittuntersuchung. In: Die Sprachheilarbeit 26 (1981) 168–179.

Grunwald, A.: Erstleseverfahren in der Schule für Lernbehinderte aus Sicht der Sprachheilpädagogik und der Phonetik. In: Z. Heilpäd. 33 (1982) 501–505.

Grunwald, A.: Ein neues Kategorisierungsmodell der Dysgrammatismen – unter Berücksichtigung ätiologischer und psycholinguistischer Fragen - In: Die Sprachheilarbeit 27 (1982) 162–174.

Hacker, D.: Fallbericht: Phonologische Störungen. In: Grohnfeldt, M. (Hrsg.): Handbuch der Sprachtherapie. Band 2: Störungen der Aussprache. Berlin (1990) 75–90.

Hacker, D.: Phonologie. In: Baumgartner, S./Füssenich, I. (Hrsg.): Sprachtherapie mit Kindern. München, Basel (1992) 15–79.

Hacker, D./Weiss, K.-H.: Zur phonemischen Struktur funktioneller Dyslalien. Oldenburg 1986.

Hartlieb, K.: Praktikum der Stimm- und Sprachheilkunde aus biokybernetischer Sicht. München 1969.

Heese, G.: Grundlagen der Schwerhörigenbildung. Berlin 1969.

Heese, G.: Zur Verhütung und Behandlung des Stotterns. Berlin 1967.

Heese, G. (Hrsg.): Rehabilitation Behinderter durch Förderung der Motorik. Berlin 1975.

Heese, G. (Hrsg.): Behinderte – Inmitten oder am Rande der Gesellschaft. Berlin 1975.

van den Hofen, M.; Speth, L.: Motorik ist mehr als Bewegung. Berlin 1974.

Jakobsen, R.: Kindersprache, Aphasie und allgemeine Lautgesetze. Frankfurt 1972.

Jaworek, F.; Zaborsky, E.: Die Behandlung von Stammelfehlern. Berlin 1974.

Kozielski, P.M.; Chilla, R.: Sprechstörungen und Gebissanomalien: Der Einfluss der „Prognathie“ und des „offenen Bisses“ auf die Entstehung von Sigmatismus und Schetismus bei Kindern mit einem Milchgebiss. Sprache – Stimme Gehör 2 (1978), 13–20.

Krech, H.: Die Behandlung gestörter S-Laute. Berlin 1969.

Luchsinger, R.; Arnold, G.E.: Handbuch der Stimm- und Sprachheilkunde. Wien 1970.

Müller, H.: Bergedorfer Bilderbögen zur Sprecherziehung – Ein Sprechübungsspiel zum Selbermachen. Teil 1–6. Hamburg 1976.

Müller, H.: Bergedorfer Vergleichsbilder. Eine Ergänzungsserie zu den Bergedorfer Bilderbögen zur Sprecherziehung. Hamburg 1981.

Müller, H.: Optisches Differenzierungs- und Konzentrationstraining. Die Erarbeitung skriptographischer Begriffe als propädeutischer Lese-, Schreib- und Mathematikunterricht. Hamburg 1982.

Orthmann, W.; Scholz, H.-J.: Stottern – Kompendium ausgewählter Theorien für Studierende und Angehörige heilpädagogischer Berufe. Berlin 1975.

Osburg, C.: Gesprochene und geschriebene Sprache. Aussprachestörungen und Schriftspracherwerb. Hohengehren 2000.

Romonath, R.: Phonologische Prozesse an sprachauffälligen Kindern. Eine vergleichende Untersuchung an sprachauffälligen und nichtsprachauffälligen Vorschulkindern. Berlin 1991.

Scholz, H.-J.: Die phonologischen Störungen – Konzept, Analyse und Therapie. In: Grohnfeldt, M. (Hrsg.): Handbuch der Sprachtherapie, Band 2: Störungen der Aussprache. Berlin (1990) 62–74.

Schulze, A.: Sprachanbildung und Hörsprecherziehung bei Geistigbehinderten. Bonn-Bad Godesberg 1972.

Seemann, M.: Sprachstörungen bei Kindern. Berlin 1969.

Speck, 0.: Der geistig behinderte Mensch und seine Erziehung. München 1970.

Stoffel, R.M.: Die Pathologie des normalen Sprechers – Bemerkungen zum Konzept der Sprechangst. Die Sprachheilarbeit 23 (1978) 73–84.

Wängler, H. H.: Leitfaden der pädagogischen Stimmbehandlung. Berlin 1966.

Weinert, H.: Die Bekämpfung von Sprechfehlern. Berlin 1966.

Wertenbroch, W.: Die ambulante Behandlung stotternder Kinder und Jugendlicher auf der Grundlage der positiven Verstärkung. Bergedorfer Pädagogische Schriften 1. Hamburg 1978.

Wertenbroch, W.: Übungsbuch zur Behandlung des Stotterns nach der Methode von Erwin Richter. Bergedorfer Förderprogramme 3. Hamburg 1978.

Wilken, Etta: Sprachförderung bei Kindern mit Down-Syndrom. Berlin 1973.

Wulff, J. und H. u.a.: Übungsblätter zur Sprachbehandlung. Folge 1–18. Hamburg o.J.

Wyatt, Gertrud: Entwicklungsstörungen der Sprachbildung und ihre Beseitigung. Stuttgart 1973.

Zacharias, Christa: Sprecherziehung. Berlin 1971.

Zuckrigl, A.: Sprachschwächen. Der Dysgrammatismus als heilpädagogisches Problem. Villingen 1964.

10. Stichwortregister